U0553736

禅解情缘

一路开花 编著

袁冰 绘

齐鲁书社

图书在版编目（CIP）数据

禅解情缘 / 一路开花编著；袁冰绘 . -- 济南：齐
鲁书社 , 2017.6
　ISBN 978-7-5333-3762-9

　Ⅰ . ①禅… Ⅱ . ①一… ②袁… Ⅲ . ①佛教—人生哲
学—通俗读物 Ⅳ . ① B948-49

中国版本图书馆 CIP 数据核字 (2017) 第 103802 号

禅解情缘

一路开花　编著　袁冰　绘

主管单位	山东出版传媒股份有限公司
出版发行	齐鲁书社
社　　址	济南市英雄山路189号
邮　　编	250002
网　　址	www.qlss.com.cn
电子邮箱	qilupress@126.com
营销中心	（0531）82098521　82098519
印　　刷	山东德州新华印务有限责任公司
开　　本	880mm×1230mm　1/32
印　　张	7.25
插　　页	2
字　　数	139千
版　　次	2017年6月第1版
印　　次	2017年6月第1次印刷
印　　数	1—5000
标准书号	ISBN 978 - 7 - 5333 - 3762 - 9
定　　价	32.00 元

前言 | 我们在平淡日子里
丢失 的 (禅)

前些天看一篇科学报道，颇有感触。原来孕妇的妊娠反应，是生命出于本能的自我保护所造成的。

婴儿在母体的前三个月，是极其脆弱的，为了保护自己可以在最大程度上健康存活，婴儿在面对油腻荤腥和食品添加剂等化学原料时，总会做出特别激烈的对抗反应，使这些食物尽可能在消化前从母体吐出。

那婴儿喜欢什么呢？很简单，喜欢来自天然的蔬菜瓜果。

生命最本真的状态，原来就是喜欢自然的。

但走到今天，不难发现，我们正在和自然越走越远。一切都来得太快，我们也习惯了快，以至于我们根本不能忍受任何慢节奏的生活。

为了使这样的快节奏更快些，我们做出了很多调整——扩宽机动车道，把人行道变窄；打通地下隧道，让地铁可以四通八达；手机从不离手，微信、陌陌样样精通，建立大棚蔬菜基地，让所有植物可以更快生长……

以前，我们要会一个朋友，总要做足功夫。家里种了什么粮食，结了什么果子，得提着点去，让人家尝尝，分享这份来自天然的人情。今天，我们不必再如此麻烦了。想见谁了，不管他人在哪里，一个电话，一个视频，几分钟就可以解决问题。过程是省了，朋友也多了，可那份令人怀念的人情味，淡了。

这个时代的一切都快了，便捷了，按理来说，我们应该有大把的空闲时间了，可事实上，我们越来越忙。如此说来，便捷并没有为我们省下时间，相反，正在让我们远离自然。

曾经我反驳过这个结论。但一个朋友的问题，使我顿时面红耳赤。楼房那么高，有多久没去天台上看过星星了？交通那么方便，有多久没去山上好好走走了？电话那么方便，有多久没有好好跟父母谈谈心了？

是啊，我们住在高楼里，却从来没有站在高楼上看过星星；我们天天坐车，却很少想着要去郊外看一看自然的风景；我们天天在用手机，可除了刷微博看微信联系客户之外，究竟还有多少挂念可以分给家人和真正的朋友？

我们已经被这样的快节奏磨得麻木不仁。同样的场景，同样的故事，在现实里，我们总是心存戒备，小心翼翼，担心这个是骗子那个是托，可一旦隔着电视屏幕，我们却变得特别容易被感动，还经常哭得稀里哗啦，究竟为何？

难道，我们连想要一份真实的感动都必须得借助虚拟的世界来完成?

很多人抱怨,说现在是人心大坏,连朋友之间借个钱都难如登天。我们从来没有静下心想想,问题究竟出在哪里?

很多年前要见一个朋友,我们是提着自家的蔬菜瓜果去的,满满的,都是情谊和自然的味道。去了,通常不为事情,只是想念,要在一起坐一坐,看一看,聊一聊,顺便吃个家常饭。可如今,不同了,我们要见一个朋友,一个电话约到地点,胡喝两杯,胡吹两句,然后匆匆散场。而且,通常这样的情况,目的都是为了谈事。

从前的朋友,是知根知底的朋友,是用人情和自然垒筑起来的朋友。而如今的朋友,大多时候,都显得像个玩伴——那些破碎的又带有功利性的相处片断,当然难以撑起彼此长久的信任。

我们在丢弃自然的时候,其实,也一并遗失了可贵的人情。

对于平淡的日子来说,人情是什么?在我看来,人情就是普通人最宝贵的禅。周汝昌先生说,儒家的《论语》智慧,说到底,其实就是两个字:体贴。真切地站在别人的角度,去思考别人的处境。今天的我们,很难做到这一点。网络上到处都是英雄,看到不平事,骂声一片。可现实中呢,我们实在很难看到见义勇为的英雄。所以有人禁不住问,到底是英雄不出门,还是坏人不上网?

《禅语人生》《禅说处世》《禅解情缘》这三本书,说的都不是什么佛家往生的大真谛，不过是想带有缘翻开此书的读者，一起慢下来，一起找一找，那些我们在平淡日子里丢失的体贴、真诚、耐性、平和、人情、温暖……

这也是我们做这三本书的初衷。

2017年3月

目 录

contents

第一章

落
花
成
殇

我想，我不会忘了你

那时，你真的太爱自由，很多人说，你这辈子最不缺的，就是说走就走的旅行。

你说人生是自己的，而且只有一次，如果不好好为自己活一次，那肯定会遗憾到下辈子。

爱一个人，就该给她足够的自由。真正的相爱，不是束缚，而是因为有了对方，才让自己看到了更好的自己。

于是，我让你自由。允许你和周围的男人称兄道弟，允许你背着包浪迹天涯，甚至，允许你可以在任何时候爱上别人。

我说这话的时候，其实是自私的。我以为，只要给了你足够的空间飞翔，你就不会再眷恋另一片蓝天。

你生来就不是那种甘愿为谁洗衣做饭的女子，所以，我努力包容你，让你做自己喜欢的事情。

你每次出门，都会跟我说，不必等。

是的，我们都不年轻了，我们都知道，爱情不是说了就算，牵了手就能永远。人生本来就是无数次不断重复的遇见和分离。谁，都有爱上谁的可能。

　　这些，我们都懂，只是，都还看不开、放不下。如果，都看开了，放下了，也就不会再爱任何人，更不会想要和谁天长地久了。

　　就这样，你独自去了新疆，去了西藏，去了很多人梦寐以求而不可到的地方。你被阳光晒得黝黑，你被风沙吹打得像个女汉子。最重要的是，你瘦了，真的瘦了。

　　你拍了很多美丽的照片，一张张翻给我看。吃完饭，还没来得及说你在旅途中经历的有趣故事，就已经靠在饭桌的椅子上呼呼大睡了。

　　我把你抱进房间里。躺在我的怀里，你是那么真实。有时，我多想你这一觉睡得久一些，最好不要醒过来，这样，你便可以永远收起骄傲的翅膀，乖乖躺在我身边。

　　然而，我是爱你的，我知道你想要怎样的生活。

　　我想过，我们会分开。很多个夜晚，坐在阳台上，我都会想，这一刻，你在哪里，和谁在一起，有没有动心，有没有故事。

　　没办法，在看不见你的日子里，理智和信任已经不能解决思念的苦楚。

　　你是快乐的。在漫长的行走中，也许，你会偶尔想起我。但很快，这样的想念，便会被美丽的风景所代替。

　　有一天，如果我们真的分开，原因想必你会明白。不是我爱上了谁，也不是你和谁去了另一座城市。只是我太想要安定，而你，太喜欢自由。

　　跟你说分开的时候，你特别平静。也许，挂完电话的同时，你跟我一样，都哭了。

　　已经不是十七八岁的年纪了，离开谁或者爱上谁，都不至于天崩地裂、撕心裂肺了。那么长的人生，没能走到最后，依然会心存感激。毕竟，曾经那么快乐地走过一程，彼此取暖，彼此相依。

　　我想，你和我一样，都会小心翼翼地把心擦拭干净，重新捧给另一个人。我希望，我们都会这样。因为悲伤和隔绝，都不可能再把我们拉到一起。

　　你留给我的痕迹，我会保留甜蜜。伤怀的，全部擦去。

　　直到此刻，我仍然感激上苍让我遇见你。虽然没能得到结果，但不能否认，爱你，是件美丽的事情。

　　我不会忘了你，也不会刻意记起。因为我们曾经约定过，不能因为和谁分开，而亏待下一次命运安排的相遇。

对不起，是我选择了悄悄放弃

她这辈子最想嫁的人，一直是你。

她曾经无数次幻想过你向她求婚的场景。在一个白雾蒙蒙的早晨，一根拴着她无名指的白色毛线牵引着她，走到窗口，睡眼惺忪的她，看见你站在对面的楼顶上，手捧玫瑰，单膝下跪。阳光刺得你睁不开眼，就在这时，戒指顺着毛线，唰地滑进了你的手指。

她一下子就哭了。

她会幻想各种各样的求婚方式。浪漫的，惊悚的，不可思议的，让人流泪的，太多太多，她会把每一个都告诉你，暗示你，不用再动脑筋去想多余的问题。因为其中任何一种方式，都符合她的心意。只要你肯做，她都会说"我愿意"。

可惜，八年了，上百种方式，你一种都没用。

她曾在无数的节日里幻想，期待，等你给她惊喜。你一直没有，你说，结婚不过是为了那一纸契约，没什么比两人相爱更重要。

　　她真的不要什么钻戒。她只是需要你给一个承诺，一个愿意娶她，一个愿意用后半生给她幸福的承诺。你没钻戒，用可乐罐的拉环都可以。她同样会说"我愿意"。

　　八年，放在谁的人生里都是一段漫长的时光。八年中，你们经历了分分合合，吵吵闹闹，你们从欣赏彼此的优点，慢慢变成习惯对方的缺点。握着她的左手，你觉得像是握着自己的右手一样亲切。

　　你们不再是单纯的爱情，更多时候，你们拥有的可能是亲情。

　　你们成了彼此生活中不可或缺的一部分。她还是希望你娶她，只是这个愿望，已经没了当初的激情。

　　也许你说的对，结婚的目的是什么呢？是为了更好地相爱，而俩人是否能更好相爱，根本不是一本结婚证可以解决的。

　　如果一本结婚证真的可以解决所有婚姻将要面对的问题，那干吗还要设立离婚证的办理窗口？

　　是要忠于制度和现实，领个本子让彼此安心，还是忠于内心和爱情，把所有的自由和信任都交给往后的岁月？

　　她曾因为结婚的问题，和你闹过分手。是的，八年了，她把最好的青春都献给了你。如今，她问你要的，不过是一个名分。

　　她离不开你。提出分手之后，安静了几天，她还是决定回来找你。

　　你醒来看不见她的那个清晨，和平日并无两样。她总是

那么冒冒失失，大清早不见人，等你猛然转身，兴许她就提着豆浆油条在你背后坏笑。

可惜，这次她一直没回来。你给她打了很多次电话，一直关机。

再后来，她和别人结了婚，有了孩子。你说，她这个人哪里都好，就是太薄情寡义，说走就走，一个招呼不打，不顾念半点情分。

你还不明白，真正的放弃从来都不是轰轰烈烈的。吵着闹着和你说分手的人，其实，大多都不想离开。一个真要放弃的决定，通常会来得悄无声息。

她不是没有等你，不是没有打开窗户让你看到她的心。只是，你从来不愿鼓起勇气翻过窗户，带走她的心。

就这样，在这场爱情的长跑里，她眼睁睁看着自己热腾腾的心，慢慢变成一块被冻裂的玻璃。

你可以有万般理由不给她名分，但你不能否认，你之所以不愿意结婚，其实只是没有把一生交付给对方的决心。

她为何那么伤心

那是 2008 年的冬天，大雪纷至，许多城市遭遇特大雪灾，多条铁路瘫痪。

这一年，她刚好 23 岁。一个人，背着单薄的小包，买了去哈尔滨的长途火车票，千里迢迢去看他。

那是她人生中第一次出远门。

火车在铁轨上停了整整 18 个小时。餐车被挤爆不说，厕所也脏得不堪入目。

骚动的人群渐渐在灾难面前失去了挣扎的力气。所有食品供不应求，水涨船高。

饥渴交织，迫于无奈，他们不得不接受 80 块钱一盒的方便面和 20 块钱一个的煮鸡蛋。

她身上没多少钱，临行前的那盒饼干成了最后的口粮。

几十个小时之后，她站得腿都有些发肿。但只要想起他，心里便会涌出暖暖的力量。

刚出车站，就看到了他，神情焦躁地举着牌子，站在大雪呼啸的人群里，不停地踮起脚尖四处环视。

冲进他的怀抱，她的泪水顷刻崩塌。

之后很多岁月，她每每想起这个场景，都会觉得感动。人生中第一次为了爱情跋山涉水，尝尽艰难，怎么可能不感动？

分别的时候，她哭成了泪人。他捧着她的脸，在月台上深深吻了下去，而后又说了一句让她破涕为笑的话。

他说，亲爱的，别哭了，你看我这手，左右左右地给你擦眼泪，都快成汽车玻璃上的雨刷了。

那时，她并不觉得距离是个障碍。只要有时间，她就会坐几十个小时的火车去看他。哪怕只是见上一面，也好。

她觉得只要有爱，就能解决所有问题。

可她忘了，所有的事情，一旦有了开始，就必然会有结束。怎么结束，多久结束，只是时间和形式不同而已。

有的人，是因为生命到了尽头，所以结束。而有的人，是在半路便选择了分道扬镳。

她以为，他会陪她走到最后。

听到分手，她整个人都懵了。她放下所有事情，不顾一切地去找他，就像当年一样勇敢。

那是哈尔滨的夏天，很多花都开了，她却怎么也不觉得美丽。天是灰的，人是冷的，花是丑的。

他一直没见她。她打了很多电话，一直打到他关机。

她在这个城市的马路上走了整整一夜。她想不明白，为何一个人的心可以说变就变呢？昨天还捧着你，爱着你，把

你当成掌上明珠，今天就可以抛下你，不管你，任凭你在陌生的城市里自生自灭。

她想了很多种自杀的方法。想过从最高的楼顶上跳下去，让他在电视和报纸上看到自己，内疚一辈子；想过去他曾经上班的地方，服毒自杀，让他听到自己的忠贞和惨烈……

可最终，她还是没死。不是因为没有勇气，而是觉得放不下很多东西，比如父母，比如朋友。

她茶饭不思，一个月瘦了十几斤。自己都搞不明白，为何会那么伤心。

29岁的时候，她和别人结了婚，生了孩子，将要和一个之前根本不认识的人共度余生。

想起昨日种种，她仍然觉得感动。当年的自己，怎么就那么勇敢。饥饿，寒冷，委屈，都没能使她退却。一切波折中的不如意和不快乐，都会在拥抱的那一刻通通瓦解……

想起来，会笑笑，当时自己怎么会想到自杀呢？

其实，他也没有多好。可偏偏当时的自己，就觉得今生不会再遇到这样的人——也许，这些都不是真正让她伤心的原因。

那么多的时间和精力，都用来苦心构建一座爱情的城池，以为它牢不可摧，可转眼，它却变成了废墟。所有的希望和信任，都在顷刻间烟消云散。这样的心痛和无助，是任何人都不能安慰的。

她伤心的，是她可能再也不会为谁去建这么一座关于永远的城池了。

爱不能解决所有问题

谁都没想到，他们俩会分开。

那么相爱的两个人，怎么说散就散了呢？

很多人都来劝和，说两个人在一起不容易，相爱那么多年，那么长的时间都挺过来了，怎么偏在这时选择了放弃？多不值得！

是的，从大学开始相爱，一爱就是十几年。毕业，结婚，生子，一晃就到了三十几，要离开，对孩子，对自己，都是一种伤害。这个年纪，在这样的时代，要重新培养一段纯粹的爱情，几乎不可能。

想到这里，彼此都会有些舍不得。但最后，两人还是咬咬牙，签了字。

走出那扇门，两人互相拥抱了下，不像吵得天昏地暗见面就打的夫妻，倒像许久未见的老朋友。

是的，走到这一步了，还有什么可吵的呢？该吵的，该闹的，该商议的，该挣扎的，都在过去的时光里完完整整地做过了。

离了婚，他们还是保持密切联系。这和电视剧里的情节有些相似。现实中，确实很难看到这样的场景。

偶尔，会约在一起吃饭，带上孩子。

听说她有了新的开始，他笑笑，表示祝福，没有谩骂，没有追问，平淡得好像和自己没有一点关系。

很多人好奇，因为他们俩的态度和平日里我们见到的离婚夫妻太不一样了。两个相爱的人，最后没能在一起，那应该是撕心裂肺的，应该是哭天喊地才对。

他们似乎都没有。

很快，他也有了新的恋情。为了不打扰对方的生活，不让彼此的心上人醋意大发，他们心照不宣地减少了联系的时间、碰面的机会。

她给另外一个男人生孩子的时候，大出血，差点没命，他急得像热锅上的蚂蚁，转来转去，比她现任的丈夫还着急。

所有人都懵了，搞不清这到底是几个意思。

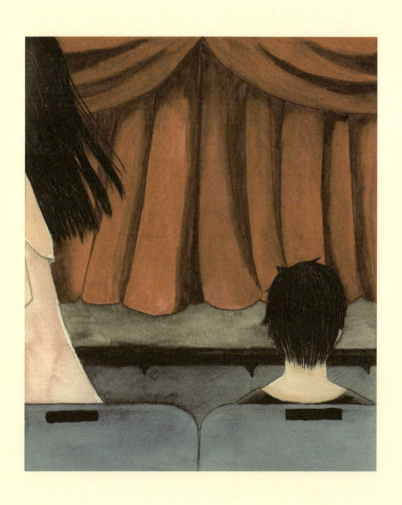

有人问他，你还爱她？

爱。他坚定地回答。

那她爱不爱你？

爱。

那干吗离婚？

不适合生活在一起。他的回答很简单。

你不是爱她吗？她不是爱你吗？双方磨合下，退个步，不就是一辈子了吗？

他笑笑，不说话，继续低着头跑医院给她送饭。

曾经他也以为爱能解决一切问题。可后来，他慢慢发现，两个人这一辈子，适不适合生活在一起，其实比爱不爱对方更重要。

两个适合的人，就像两个不同形状的齿轮，看起来不太搭，但放在一起刚好，像是手表机芯，即便拥挤在狭窄的空间里，仍然可以保持各自独立的轨迹，并共同运转。

他们尝试过改变，让步，争吵，挣扎。他们曾经痛苦地拥抱在一起，不明白为什么相爱的两个人要在一起，这么难。

他们像两个浑身长刺的刺猬，努力拥抱，只能伤到彼此，不如各退一步，转过身，听对方幸福的声音。

他们是聪明的，他们没有像大部分的夫妻那样，非要把两个不适合的人硬扭在一起，最后气得咬牙切齿，伤痕累累，甚至两相生厌，互成仇敌。

因为彼此愿意给对方一片广阔的空间，所以，那份不能继续生长的爱，才有了生存的缝隙。

回忆里的光亮

自己也不明白，当时怎么就那么喜欢她。

那时的自己完全活在文学创作的理想世界里，虽然辛苦写一篇文章才值几十块钱，可还是对未来充满希望。总觉得自己很可能成为一名出色的编剧，或者一位名垂青史的作家。

因为喜欢，所以给她写了很多浓情爱意的小诗。她应该也是喜欢文字的吧，不然，怎么会选择跟我在一起。

那是一段极其快乐的时光。我用自己喜欢的文字换取微薄的稿酬，然后用这微薄的稿酬与心爱的她去不远的远方旅行。

不到三个月，我们几乎走遍了周围的山川。

再后来，生活渐渐归于平淡。因为年岁和现实的压力，我们不得不从理想的光环中跳跃出来，去思考房子和柴米油盐的问题。

我们都不喜欢做饭，我们下馆子的时间永远要比在家里吃饭的时间多。起初并不觉得怎么，后来时间长了才发现，家，真的是一种味道。

喜欢，本身就是一件微妙的事情，她喜欢你，同样，她也可能喜欢别人。可惜，这个道理我直到今天才明白。世间所有事情都可以通过努力来得到，唯有喜欢这件事不行。

她喜欢上别人，是我意料之外的事。

我们在狭窄的屋子里吵得天昏地暗。我故作从容地放手，表情冷漠地看着她整理旧物，直到她拖着箱子准备离去，我的天地才轰然崩塌。

她真的要离开我了，而我，将要完全失去她。心里忽然懂得，忽然明白，相爱时许诺的永远不过是一刹那的爱恋。爱情在时，永远便在；爱情死了，永远也就不见踪影。

我一直以为自己是个拿得起放得下的人。然而，那一刻，我却蛮横得像个患了失心疯的病人。

就爱情而言，大部分情况下来说，拿得起放得下，不是因为理智，而是因为爱得不够深刻。如果爱得够深，把一颗心都交付给别人了，怎能受得了完全的失去？

她和他在一起，并不快乐。因为我总是想方设法使他们难受，我以为，她会因为爱不了别人，继而转身爱我。

于是，在那段面临结束的日子里，我们想尽一切办法让对方流泪，把所有的爱都变成恨，变成折磨。

每一个失恋的人，也许都曾做过类似的事情。

她到底还是走了。既没有选择他，也没有回头再和我重新开始。当时想不明白，痛苦难言。几年后，从那场情感的风暴中跳出身来，以旁观者的姿态回顾往事，才觉得心有愧疚。

喜欢谁，爱谁，本身就不是我们自己能控制的事情。我们也想和一个对的人白头到老，牵手终了，可命运时常喜欢开一些玩笑。

回头想想，她要不要爱上别人，又岂是她自己能控制的？

相爱和别离，都是一种缘分。在漫长的人生里，在颠沛的旅途中，偶遇一人，和你在寒冬的路上相互取暖，相互依偎，是多么值得感激的事情。路太长了，中途不管谁决定停下来，都不该是一种错。谁都没有必须陪谁走到最后的义务。

走不到最后，就祝福吧，回头看看那一段寒冷的路途，把彼此在路上慢慢丢掉的光亮都捡回来，送给对方，即便很久以后回想起来，仍然会感念对方的温暖。

要让每一段半途而废的爱情，都努力成为回忆里的一抹光亮。

寻找那束光

提出离婚，是她的意思。

所有人都不解，包括他。这毫无征兆的晴天霹雳，使他颓丧了很久。

他了解她，十年夫妻，看到她，就像看到自己一样。她很少做决定，但只要做了决定，就不会再动摇。就好像当初她决定要嫁给他一样，不惜跟家人反目成仇。

她是个外表温柔、内心刚烈的女子。

他是个好男人，周围了解他的人都这么说。虽然他喜欢打网游，喜欢去 KTV，喜欢参加各种聚会，但他洁身自好，从不和其他女人有多余的瓜葛。

她怎么就想要离开他呢？

她没有爱上别人，他知道。

在离婚协议上签完字之后，她终于大哭了一场。那么多天的沉默和冷战，像波洪流一样堵在她的心口。

她痛，谁都知道。一个月瘦了十几斤，内心得有多大的挣扎。

他不想继续看她痛苦，所以选择了放手。也许，自由才是她应该要去的海洋。

离婚后，她去大学城租了个铺面，卖麻辣烫。

生意挺好。那么多客人，那么忙碌，起码不会再让她觉得孤独。

他继续做单位的小职员，朝九晚五，把空闲的时间交给网游和各种各样的聚会。

他们都没有再找别人。十年婚姻，最后失败，各自都觉得像是生了一场大病，即便想要重新开始，也需要时间修养。

一年后，她的麻辣烫开了两家分店。她买了小车，专门去市区拉货。

这是她一直想做的事

情。他知道。

儿子生日的时候，他们聚在一起，没说话，却觉得很亲切。饭后，有朋友问她，当初为什么决定分开？那么平淡温馨的日子，细水长流，不挺好么？

沉默片刻，她到底还是说了。

她说，不是因为平淡想要分开，而是因为看不到未来，看不到希望，而他又没有坚定的方向，所以，我退缩了。

朋友把话传达给他，他听完之后，忽然懂了。

是的，日子过得平淡，她在家里当主妇，他在单位上班。工资虽然不多，但起码还算稳定。但可惜，他不是个善于规划的人。他既不会送礼，也不会阿谀奉承，因此，干了十几年，还是个小职员。

她提过，出来做点小买卖，夫妻一起努力。他畏惧了。做生意多累，现在多好，每周有假期，还不用加班，就算生病请假，也有薪水拿。

他没有想过未来。他没有把她纳入未来的生活中，好好做一个长远的计划，并为之努力。

对他来说，未来不是美好的蓝图，未来只是短暂的明天，而明天，不过是在重复今天。

她累了，她不想把三十几岁的梦想都耗费在六十几岁的生活上。

喜欢一个人，爱一个人，本身就是在找黑夜里的那束光，如果连这束光都探不出方向，她又怎么可能会有陪你吃苦的动力，继续前进的力量？

要知道，共苦不是为了一直苦，而是想要更好地同甘。

在失恋中成长的心灵

提出分手的时候，他特别决绝。

他爱上了别的女人，他的心已经不在她的手上。

爱情就是这样，好比在心里种下一棵树，缺少阳光空气或者雨露都不行。有时，我们觉得光给阳光就够了，于是，一味地给阳光，等发现行不通的时候，已经回天乏术。

爱情也会生病，也会死。树死了，也许会在来年的春天长出新的嫩芽，可爱情死了，就不会再活。

她真的好恨。那么多的青春和真心，都付给了一个人。但是，这个人，却要离她远去。

她把所有的伎俩和精力都用在了挽回上。她哭，她闹，她骗，她疯，她因为这段濒临死亡的爱情，变得人不像人，鬼不像鬼。

所有在爱里付出过全部真心，而最后又倏然失去的人，似乎都差不多。我们原本以为爱情不过是生活的调味剂，可到真要把爱情抽掉的那一刻我们才明白，爱情不是风景，而是氧气。

那时，他还很穷，几乎一无所有。为了留住他，软的硬的都用了。最后，她说，要走也行，留下十万块的分手费吧，五年的时间，我人生中最好的青春、最美的身体、最干净的灵魂都给了你，你不能娶我，陪我白头，起码要给我一点物质的补偿。

她说得对。他走了，马上就可以爱别人，因为他的心已经不在这里。可她呢？也许很久很久之后，都还抱着一块汩汩流血的心灵难以自拔。她怎么爱别人，又怎么可能接纳别人的爱呢？

到底是爱过的，他同意了。只是，他真没那么多钱。他东挪西凑，先给了三万块。剩下的七万，他打算分期，每个月给一部分。

她不是真想要这笔钱。她以为，只要他过得窘迫，过得不好，那女人就会离开他。谁会爱一个连吃份炒饭都得精打细算的男人呢？

他每个月都给她打钱。几百，一千，或者一千多。他过得并不好。听说他过得不好，她心里也不舒服。

时间一晃就是三年。这三年，她独自生活，跳出从前的二人世界，在漫长的路上踽踽前行。

她从旧爱的伤痛中慢慢走了出来。她还爱他，只是，已经懂了缘分的因由。

生活总要继续。她重新收拾自己，重新昂着头，迎接其他男人的赞美和爱慕。

最后一笔钱打过来的时候，他给她发了短信，他说，对不起，没能爱你。

她一个人躲在 KTV 的厕所里哭得天昏地暗。这次，没有心痛，只是觉得造化弄人。

第二天，她找到了他。他瘦了。他们心照不宣，不再厌恨彼此，轻轻地抱了抱对方。临别时，她把卡塞给他说，钱都在里面，一分不少，过去的，就让它过去吧。

他瞪着眼睛看了看她，忽然觉得特别陌生。是的，她不再是三年前的她。那些因为爱所留下的伤疤，已经被时光深深埋在了泥土里。

她有的，还是那颗纯粹的心。只是，这颗心已经长大，并且懂得了放下。

我不是非要等你

那么长的时间过去了，他还是喜欢她。

相熟的人都劝他放手，要开始新的生活。可他始终觉得，她会回来。因为临别的时候，她说了一句，等我。

与她相比，他真的太普通了。不论家境还是相貌，都平平无奇。她注定是颗耀眼的明珠，不管丢在漆黑的夜里还是纷乱的人群中，她总会招来诸多人的爱慕。

他是坚持到最后的一个。当然，他也是最毫无保留的一个。对于她来说，最感动的莫过于此。那么多人爱慕她的青春和容颜，只有他，一直静静守在身边，像是在等待一个调皮离家的孩子重新找到回家的路。

她去国外留学的时候，他跑去送她。那么多人在她生命里来来去去，最后，只剩下他一个。她确实有些感动。那一刻，她是真心想要把往后的岁月都给他，所以，她冲上前去，抱了抱他，然后凑在耳边说了两个字，等我。

他一直在等她回来。

很多人都说，她不会回来了。国外的条件那么好，她怎么可能回来呢？况且，事情都过去整整十年了，说不定她都已经结婚嫁人了。

他笑笑，他知道她的脾气。她向来是个言出必行的人。

他三十四岁的时候，学校举办了毕业十周年聚会。她来了。岁月丝毫没有在她脸上留下痕迹，她仍旧美得让人怦然心动。

所有在当年爱慕过她的男子，都起身敬酒，跟她打趣。只有他，默默地坐在人群里。

狂欢过后，他主动找她。她喝得有点多，送她回家的时候，她靠在他的肩膀上，嘴角挂着微笑。

开门的是个老外，瘦瘦高高，一头金发。客厅的墙壁上，有她和老外的结婚照。他隐约懂了，说句再见，而后匆匆消失在夜色里。

回程的路上，他心里像插了无数把刀子。那些奔流的鲜血，就是与她有过关联的破碎时光。

第二天，她主动给他打了电话。这么多年过去了，他的号码一直没变。他一直在等她回来。

她说对不起，对不起，对不起，在电话里哭成一片。她说她一去就是十年，那么长的时间，她以为他不会再等了，或者，也已经爱上了别人。

他笑笑说，没事，就当是和命运赌了一局。虽然输了，却也死心了、透彻了。

换号码之前，他给她打了一通电话，他说，我不是非要等你，非要得到你，只是我既然答应了等你，我就不能再等别人。如今，你有了自己的归宿，我也该去寻找我的幸福了。

　　是的，不管你记不记得，是不是在途中爱上了别人，你都应该告诉我——我不是非要等你，只是我既然等了你，我就不能再等别人。

你不会遇见更好的人

失恋了，我们总会听见这样的安慰："没关系，你会遇到一个更好的人。"

不仅朋友如此，就连要离开你的那个人也会这么冠冕堂皇地说一句："别哭，亲爱的，你会遇见一个比我更爱你的人。"

说实在的，这些话，不但不会让我们的心里好受，反而，会使我们觉得有种壮志难酬的委屈——满腔热情抛洒给你，一颗真心矢志不渝，都不曾换来你的不离不弃，我又怎么可能相信会平白无故地出现一个更好的人？

况且，这爱情里的爱与更爱、好和更好，是怎么评定的？

成年了，都开始明白，这世间，几乎所有的东西都可以通过努力来获取，唯有爱情不行。你想要名车豪宅，你可以通过努力工作来慢慢实现；你想要权力地位，你可以通过智慧和手段来慢慢得到……唯独爱情不行。

当年爱尔兰诗人叶芝对茅德·冈一见钟情，为其写诗，轰轰烈烈，一直写到获诺贝尔文学奖，感动了全世界。可对叶芝来说，感动了全世界，有什么用呢？最该感动的那个人，依然不爱他。

爱情本身就不是理智的产物。我们爱一个人，通常没有任何的附加条件，不是因为他长得帅，我们给10分，工作不错，再给10分，然后各种条件加起来，及格了，我们就可以勉强恋爱了。

然后分手，下一个人出现了，这个出现的人比上一个又多了10分，于是，我们在心里也暗自喜悦，找到了一个更好的人。

真正的爱情，没有这些评判的标准。因为没有标准，所以，也就不存在什么更好的人。很多时候，你明明知道眼前的人是个大流氓，没有好结果，不值得付出真心与诚意，可你偏偏还是选择跟他在一起，而不管后面追你的一票人里，是不是有公子哥和官二代。

飞蛾扑火，奋不顾身，都显得那么身不由己。这就是爱情。

所以，当朋友哭着跑来朝我倾诉的时候，我从来不会告诉她们会遇见更好的人。因为在任何人心里都一样——能让她流泪的那个人，才是最好的人。

我只会淡淡地说一句："哭吧，哭出来会舒服些，曾经爱过，总比一无所有要好些。明天依旧要打扮漂亮，你虽然不会遇见更好的人，但也许明天，你就会遇见那个可以陪你走到最后的人。"

爱 与 距 离

你有没有同时喜欢过两个人？

喜欢两个人，在心里，像是在进行一次激烈的拔河比赛。裁判是你，选手是你喜欢的两个人。他们经常会把绳子拉断，而你，却不知该判谁赢。

最让人烦恼的是，你似乎把一颗心同时交给了两个人。

她和我说这个问题的时候，我毫不吃惊。喜欢一个人和喜欢两个人一样，抛开道德和法律不谈，本质都是好的，因为真心，所以这份喜欢显得干净而又纯粹。

我们之所以觉得喜欢两个人不对，是因为道德和法律的环境如此。然而，内心又岂是可以被道德和法律所控制的？如果可以，她也不愿同时喜欢两个人。

很多时候，做选择题，并不快乐。

她该和谁在一起呢？她问我。

一个温柔体贴，对她千依百顺，典型的好老公备选人。

一个成熟稳健，运筹帷幄，典型的魅力精英男。

她谁都舍不得放下。放在人海中，这两人，都是那么难得。

于是，她决定把一切问题都暂时抛给时间。白天陪好老公吃饭，晚上陪精英男看电影。因为两个她都喜欢，所以即便累得头昏脑涨，还是乐此不疲。

两个男人同时追求她，她不知该跟谁在一起。

想了一夜，她最终决定，还是选择精英男。从长远打算来看，精英男以后不但可以给她一个稳定的家庭，还能给孩子一个良好的学习环境。再者，精英男懂得多，能力强，更值得依靠。

事实上，并没有完美男人。我们之所以觉得完美，是因为还来不及看另外一面。

和精英男生活在一起，她时常觉得孤独。精英男太忙了，为了让事业更上一个台阶，他不得不在职场中摸爬滚打，早出晚归。

她彻底成了家庭主妇。烧饭，做菜，洗衣，拖地，偶尔累了，坐在地板上会想，要是当初选择的是好老公，自己会不会轻松一点？这个家会不会更温馨一点？

好老公还是喜欢她。回来找她，是她意料之外的事情。

他们彼此又回到了放不下、离不开的时光。

事情总会败露。精英男知道之后，他们大吵了一架。她理直气壮，说只是普通朋友，喝喝茶，聊聊天而已。

是的，他们确实什么都没做。她也不是个随便的女人。

为了证明自己的真心，她和好老公彻底断了联系。

但没过多久，精英男还是选择了离开。她不明白，自己都那么坚决了，他怎么还可以放手呢？

　　我笑笑，不知该说什么。

　　她还是不懂。在爱情的世界里，你爱谁，爱几个，爱多久，其实都是自己的事情。他之所以选择离开，不是因为不爱，而是在你的心河里，他怎么也抱不到那根可以救命的树枝。

　　真正使他可怕的，不是她心里有了别人，和别人发生过怎样的关系，而是明明相爱的两个人，抱得再紧也觉得冷，拥得再紧也觉得有了不可逾越的距离。

早知结局，还是爱你

那是第一次采访她。42 岁，家产过亿，独身一人。

她结过婚，丈夫也是个精明的商人。问她怎么会在 40 岁的时候忽然想到离婚，她特别平静，只说了两个字：不爱。

我笑了，都 40 岁了，人生都去了大半，不管爱不爱，总得过下去吧？

她说，因为曾经在爱情中得到过完美，所以，无法将就普通。

说这段话的时候，她的眼睛里有泪。那么晶亮，那么通透，像少女时的企盼。

20 岁的时候，她爱过一个男人。

他是个才华横溢的设计师，他总能把一些平凡的东西拼凑在一起，弄出美感，弄出文艺。

她说，走到今天，看过那么多人，才知道当年其实他也很一般。只是，偏偏有种说不出的喜欢。

她跟着他，在工地上到处乱转。他手里握着卷尺，唰唰地拉开，嘴上念着数据。她呢，在一旁小心地记在本子上，等他量完念完，而后工工整整地递给他。

　　他说，她是世界上最好的搭档。因为这句话，她爱上了设计，不为别的，就为成为他最好的搭档。

　　他没什么人脉和名气，年纪又尚轻，所以做的设计特别便宜。

　　和他住在租来的房子里，天天骑单车上班，风吹日晒，她一点也不觉得累。

　　家里死活不同意他们的婚事。

　　是的，他太穷了，几乎一无所有。而另外登门追她的男人，早在二十多年前就要房有房、要车有车。

　　也许是真的年轻吧，觉得有了爱情便有了世界。那时候，不管家里如何反对，旁人的追求如何热烈，都无动于衷，铁了心，要跟他在一起。

　　兴许命里真的没有这段缘分。在一个薄雾清冷的早晨，有人给他介绍了一套房子，说帮忙设计，有酬劳，但房主特别忙，就早上有点时间。

他把自行车骑得飞快。他没告诉她，他都仔细算过了，再做三套房，他就可以给她买枚金戒指。

听说，在那个熟悉的十字路口，他被一辆没有刹住的汽车撞出很远很远。

在医院的病床上，他拉着她的手说，他的钱都放在柜子上的糖罐里。他说，去买一枚戒指吧，等下辈子，做我温柔的妻。

她说，活到今天，她只是那么惨烈地哭过一次。

她用他留下的那点钱，做了小生意，摸爬滚打，慢慢熬到了今天。

38岁的时候，事业有成，她终于停下脚步，考虑是否要重新寻找爱情。

结果，结婚不到两年，她就提出了离婚。原因很简单，因为不爱，也不想将就。

我问她，后悔吗？如果当初爱的不是他，兴许今天会美满多了。丈夫，孩子，金钱，应有尽有。

她笑笑说，如果让我回到20岁，我依旧会选择自己喜欢的男人，跟他从零开始，享受一段美好的爱情。原因是我到了40岁，已经知道结果。那些房子汽车，只要我踏实过日子，努力工作，不论好坏高低我总会有。但20岁，意味什么呢？意味着毫无保留地付出，意味着两情相悦，意味着年轻朝气健美身体，意味着可以为爱放下一切并捱苦欢笑……这些宝贵的人生经历，过去了，就不会再回来。

因此，即便早知结局，还是会选择爱你。

第二章

又
上
心
头

爱与不爱

半途分道的情侣总喜欢问对方一个问题: "最后打扰你一次,希望你真心回答我,你有没有爱过我?"

我曾经也那么郑重其事地问过她。

那是我谈过的最虐心的一次恋爱。俩人在喧腾的酒会上认识,一见如故。她和我一样喜欢安静,于是,我们端着酒杯偷偷跑到凉风徐徐的阳台上促膝长谈。

在这陌生而又使人浮躁的城市里,我们从彼此的眼神中找到了一丝安定。

因为这一丝安定,我们选择了在一起。

她住城北,我住城南。虽然在同一个城市,但要见到对方,怎么也得两个小时。坐地铁,转公交,跟一大群人挤得头昏眼花,满身汗臭。

俩人仍旧乐此不疲。爱情真是个美妙的东西。

为了能使这样的见面持续得更久,我们制定了简单的小

规则。逢单她来看我，逢双我去找她。

这个年纪，在没有任何背景的情况下，大部分人所走的路线其实都差不多。拿着微薄的工资，操着领导的心，成天被使唤得都不记得自己到底是谁。

日子久了，对于这样的见面，开始产生了厌倦。总想一下班就可以躺在床上，呼呼大睡。

终于，我们迎来了恋爱中的第一次大战。

为了结束这种朝九晚五还毫无希望的生活，我理智地决定了三种方案：第一，回老家，俩人好好创一番小事业。第二，去一所二线城市，过相对安定的日子。第三，她来城南，或者我去城北。

在这场激烈的争吵中，我才慢慢发现，原来她是个不甘平凡的女子。她想在这样的城市里占有一席之地，想证明自己的实力，想把曾经丢在这里的尊严一点点捡回来。

我甘于平凡，喜欢安静，很早之前我就打算辞职回家，过些平稳的小日子。谁知道，竟会遇见她。

为了维持这段来之不易的爱情，我做了极大的妥协——辞职，搬去城北。

她因为我的勇气而感动得痛哭流涕。

平淡的相处，使我们的缺点在时光中暴露无疑。她喜欢参加各种各样的培训班充实自己，喜欢听讲座，喜欢吃宵夜，喜欢看书到凌晨……

相比较而言，我是个特别懒惰的人。我只看自己喜欢的书，并且不喜欢把书和工作联系得太紧；下班就是下班，得有自己私人的空间和时间；我喜欢早睡，这样可以享受到第二天清晨的大好空气……

我们除了相爱，其他的，根本拧不到一起。

就这样，两个根本不合适的人，为了神圣爱情，一直苦撑，直到撑得两相生怨，已无法继续，才决定放手。这真是一件残忍的事情。

我们都没有流泪，平和得像酒会上的初次见面。

临别时，我问她："都要分开了，你就老实告诉我吧，你……你有没有……有没有真的爱过我？"

我才抛出问题，就笑了。

其实，不管怎样的答案，都已无法更改结局，我们不过是想要一点甜蜜的安慰来冲淡这离别的苦楚罢了。

爱与不爱，都一样。我们既然已经决定舍弃未知的结果，又何必苦苦追逐开始的怦然心动？

愿意陪你慢下来的人

听朋友说，他真是个古板的男人。不会蹦迪，不会喝酒，不会打牌，甚至不会抽烟。

之前真觉得他是新世纪的四好男人，可后来，慢慢才知道这四好的无趣。

朋友是个漂亮的女子，眼睛黑亮，发如绸缎，求爱的男子随便一抓都有一大把。她偏喜欢他，觉得踏实可靠。

这时代，油嘴滑舌、幽默风趣的男人多的是。正因如此，踏实的人才越来越少。

真在一起生活，才发现踏实是件多么枯燥的事。她说去唱歌，他说还不如回家看书；她说要去蹦迪，他说还不如在家看电视；她说要去野炊，他说还不如在家里做顿好吃的……

他们的生活完全不在一个星球上。

日子久了，难免生厌。况且我这朋友，天生就不是个安稳现世的女子。

　　最令她可气的是，在她提出分手的时候，他竟没有任何挽留。只是冷冷地说了一句"要走的人留不住，要留的人不会走"。

　　要知道，多少男人曾为一起吃饭，死皮赖脸地求我这朋友。

　　其实，她并没有想真正分开，只是，话都说到如此了，也就没有任何继续的理由。

　　分开后没多久，他相亲去了，找了别的女子，很快谈婚论嫁。

　　当时她听说这消息，气得几天茶饭不思，把天下男人都骂了个遍。

　　再后来，他真结婚了，还给她发了请柬。

　　那时，她根本没空搭理。因为自身及家境条件都不错，所以，她很快找到了一个算是富二代的大帅哥。男才女貌，随便站哪儿，回头率都是百分百。

　　女儿四岁那年，这位富二代和别的女人同居了。

　　那时的她已剪了长发，整天穿个围裙在家里照顾孩子，身子胖了不少。

　　是的，她已不复当年的美丽。

她依然高傲得不行，带着四岁的女儿，主动提出离婚，而且不要对方的一分钱。

　　走到今天，有诸多不易。谈起往事，她还是对那位古板的男人难以忘怀。

　　直到现在，她才真正懂得他的好。

　　恋爱期间，他们既没有接过吻，更没有上过床。他唯独一次给她送花，还是在情人节过后。她说："情人节都过了，你还送花干吗？！"

　　他说："便宜，你不知道，这么一大把才五块钱，昨天还是十块钱一支呢！"

　　她说，他真是个枯燥的男人。把她带进书房，竟然是真的带她看书。各种名著，各种版本，密密麻麻堆了一屋子。她觉得他满身都是书呆子的味道。

　　说着说着，她哭了。那么多年朋友，我还是头一次见她哭。

　　我说："要不，你再去追他吧，你那么好的底子，随便打扮下都能迷死一群人。"

　　她说："不了，你不了解他，他要真结了婚，是怎样都不会离婚的。他真是个百分百的好男人。可惜，发现得太晚……"

　　谁没有过这样的选择呢？在青春如酒、性如烈马的时候。只是，我们常常因为年轻，因为冲动，才想急急占有对方，才想急急白头到老，才想急急过完一生。

　　但是，这世间，有什么东西是可以急来的呢？

　　如果不是那么着急，我们也许就不会错过那个愿意陪我们慢慢欣赏时光的人。

那些一无所有的心

坐长途汽车去看她，目的，还是想问当年的故事。

他自杀没多久，她便辞职了。

这些年，听说她过得还不错，于是终于有勇气、有理由去探明当年的事实。

他当年是我最好的朋友，在同一个编辑部上班，写一首极好的毛笔字，通诗词，懂音律，真是才华横溢。可惜，他是个结巴，说话非常吃力，因此，编辑部每次约稿，和作者交流，都是我来完成。不过，他仍然是个完美的搭档，和他在一起，大部分时间，你甚至可以偷懒。

他很勤奋，编稿，校对，排版，几乎是一个人完成。

他知道自己的不足，知道自己天生的毛病，所以他特别努力，想要通过勤奋维系好和每一个同事的关系，想用勤奋来获得别人平等的眼光。

当初，是她追的他。他老实，可靠，上进，任何想要踏

实过日子的女人，兴许都会选择和这样的人共度余生。

那也许是他人生中最快乐的一段时光。她并不是一个普通的女人。光说相貌，不管把她放到哪一堆人群里，她都能招来艳羡的目光。是的，她美丽，大方，且通情达理。

她偏选择了他。他开始感激命运。因为除了后天努力得到的，老天爷似乎从来没有厚待过他。既没给他天才的头脑，也没给他一张英俊的脸庞。抛开内在的能力不谈，他真的太过普通。况且，一个连说句话都困难的男人，还谈什么浪漫呢？

他感激她，爱她，想要把一切都给她。人生中第一次拥有真正的爱情，而且对方还那么美丽，谁能不动心？

他从之前的想要改变命运，慢慢变成热爱命运。他觉得之前所有天生的不完美，都是老天爷的一次大意，现在老天爷发现自己的错误了，于是，回过头来慢慢给他补偿。

他不知该怎么讨她欢心，便去书店买了很多书，关于恋爱的，关于追女孩子的，关于怎么制造浪漫的。

他把全部身心都给了她。那段时间，他真的太忙了，没时间编稿，没时间校对，更没时间排版。他似乎从工作中完全脱离了。我们并不怨他，反而，心甘情愿地接手很多他没做完的工作。我们也觉得，他应该在这样的爱情里寻找到快乐。不然，他真的太累了。

不到半年，她提出了分手。所有人都呆了。为什么呢？当初不是她追的他么？怎么得到了，又不要了呢？

我们以为，他会大哭一场，他会闹，他会整个人不知所措，会在爱情的悲伤里沉浸很久，然后慢慢找到自己，开始新的路途。

他没有，他安静得和从前一样，不和任何人说话，只是闷着头做事。他和每一个人微笑，更加努力地工作。他在纸条上面说，这段时间辛苦大家了，现在我回来了，该让大家轻松轻松了。

所有人都被他的坚强和乐观感染了。整个编辑部的气氛好得不行。

他曾在这段爱里付出过多少，所有人都看在眼里。如今，他可以从这样的阴影中走出来，真是一件值得庆祝的事。

刚接到他自杀的消息，编辑部一下子就炸开了。怎么可能？我们一遍遍和警方核实。

如此乐观豁达的一个人，怎么可能选择如此悲观且极端的方式来解决问题呢？

他没留下任何遗书，没说任何话，只是给自己买了一份高额保险，受益人是老家的母亲。看来，他是早把一切都安排、布置好了。可惜，谁也没看出来，包括她。

再后来，她辞职了。去向不明。

事情慢慢被搁置。几年后，听说她嫁了人，过得还不错。

那些一无所有的心　　**47**

于是，决定好好问一问，当年的故事。这个故事，堵在我的心口，一直使我觉得难受。

一直以来，我都把自杀看成是懦夫的行为。因为不敢面对，所以，才选择了永远逃避。

听完她说的故事，我忽然明白，他为什么选择自杀。

当年，她刚从一段失败的恋爱中走出来，换了城市，换了工作。那个伤她的人，英俊潇洒，家财万贯。她觉得，这样的人，也许只能远观，不适合靠近，更不适合相依为命。于是，她选择了他，抱着试一试的心态，想要爱上他，然后踏踏实实过一生。

可惜，他们就不是一类人。她在这段试一试的爱情里越来越清醒，而他，却在这场试一试的爱情里越陷越深。

她真的不想再欺骗，再将就，她觉得，他是好人，应该有真正属于自己的幸福。于是，狠心提出了分手。

他自杀的事情，在她心里，是一辈子难以解开的疙瘩。她没有杀人，但人因她而死。

他并不懦弱。敢于选择自杀，敢于放弃生命，怎么可能懦弱？还有什么事情比死更可怕呢？

只是，他爱得太深，太用力，走得太远，已经回不来了。他把所有都给了她。因此，他根本承受不了失去。

失去了，就一无所有了。都一无所有了，活着，还有什么意义？

说这个故事的目的是什么呢？是想告诉每一个享受爱情的双方，在忘情追逐对方脚步的同时，也千万不要忘了爱自己。

不公平的喜欢

在爱里，唯一找不到的就是公平。

喜欢本来就是一件不公平的事情。不管谁追谁，不管谁先开口说爱，喜欢都不会是一件公平的事情。

他是我朋友，他比她大 9 岁。她说喜欢他的时候，他彻底懵了。因为他已经 31 岁，而她，不过是个年方 22 的 90 后。

他没在意。他曾经教过她，在他心里，在他印象里，她仍然是那个在学校走廊里又吵又闹的小姑娘。

那时，他还没出来开公司，尚且是一所中学里的语文老师。她喜欢他的课，他觉得她的文笔不错，仅此而已。

再后来，她大学毕业，去了青岛工作。他恰好也在青岛。于是，她跟他表白了。

他在这段喜欢里，找不到任何的逻辑关系。年过三十的人，已经不会再像年轻时那样莽撞了，也不会再相信什么爱是不需要理由的无稽之谈。

是的,这世上,没有无缘无故的爱,也没有无缘无故的恨。

他问她,是不是因为人生地不熟,好不容易有个老朋友,所以心里有点依赖感?我能懂,但你要调整好自己的情绪和心态,这不是喜欢。

他像当年一样开导她,给她上思想课,灌输她正确的爱情观。

他在电话里说了半天,口渴。她听了半天,最后,只问一句,你结婚了么?

他说没有。于是,第二天,她捧着大束玫瑰出现在了他公司的楼上。

90后追钻石王老五的新闻,谁不喜欢?公司一下子炸开了锅。

她把自己曾经偷拍的照片递给了他。厚厚一沓。里面有他走路的样子,上课的样子,批改作业的样子,打篮球的样子,还有生气的样子。

她说当年自己暗恋的,就是他。因为他是老师,所以她懂,她要等,要等自己长大,要等自己亭亭玉立,要等自己可以对"我爱你"这三个字负责。

不过一秒,他的心就坍塌了。

她真的长大了,亭亭玉立,美艳动人。褪去少女青涩外衣的她,更添了女人的柔美。最重要的是,从来没有一个人,可以这么喜欢他。

她把玫瑰捧给他,拍拍他的肩膀说,老头,别怕,如果有人说你老牛吃嫩草的话,你就告诉他们,是我追的你。你没有勇气面对流言蜚语,我可以给你勇气。

他们真的在一起了。因为真的在一起，所以，才看见了彼此身上的矛盾。

她真的还小，时间还没来得及教她如何做一个成熟的女人。而他，已经过了培养一段爱情的年纪，他想要马上安定，结婚生子。

她脾气不小，生气的时候，倔得像头牛。他在床这边说话，她就非要滚到床那边去用后背对着他。他说一百句，她

连一句也不答。软的硬的，都不奏效。

他学着电影里的主角说我爱你，对不起。她不理，过了半天才回一句，你既然爱我，那干吗这样对我？你走吧，我累了。

不管因为什么开始争吵，结局都一样。他都必须主动低头，哄着她，捧着她，安慰她。一遍一遍，不厌其烦。他觉得似乎成天都在玩一个猜猜猜的游戏，因为她什么也不说，所以，他就必须得猜，今天她为什么不高兴？她到底心里在想什么？她还爱不爱我？

所有的答案，都只能靠猜。他害怕每一次吵架。他觉得每一次吵架过后，自己都好像生了一场大病。是的，换谁都会觉得心力交瘁。你在按住情绪的同时，还不得不放下成年人的理智，像小男生一样哄她。可他真的不太会哄人，而她，也真的不好哄。

说来说去，他只会那几句，自己都觉得厌倦。他觉得自己像是在求一块顽石说话。或者，像是在努力拥抱一只背对自己的刺猬。

他并不害怕争吵，因为对生活来说，只有争吵，才能让彼此发现问题所在。好比一辆匀速行驶的汽车，只有在抛锚的时候，你才能看到是什么部位的零件出现故障。

他不喜欢把所有都交给时间来冲淡、掩埋。因为不管过多久，忘记还是没忘记，问题都在。然而爱情，本身就是一种力气。

在这场不公平的喜欢里，他迟早会耗尽力气。他一旦累了，这场爱情也就结束了。

咖 啡 茶

虽然同是公司白领，生活习惯却截然不同。他有那种大碗喝酒大口吃肉的豪爽和粗糙，她却精致到一根油菜叶就能烧成一盘菜。这倒没什么，他吃他的大口肉，她烧她的小碟菜，本来互不相扰。可问题是，他们结婚了。

其实从恋爱时起，他们就发现了对方和自己的若干不同。那时他们认为，这根本不是问题，相爱才是关键。可是婚后才发觉，原来两个人生活在一起，并非拼起两张单人床那样简单。

她喝咖啡，并且必须是那种巴西现磨；他只喝茶，并且只喝大街上散卖的茉莉花茶。她听肖邦，抱一只毛毛熊坐在沙发上，伤感的泪珠儿挂在眼眶；他狂爱京戏，没事就在客厅里粗着嗓子喊两句程派唱腔，把她挂在眼眶的泪珠儿震得往下掉。她想在茶几上摆一束玫瑰，跟他说，下班后，你去买枝花回来吧！他说好。

晚上回来，他却抱回一个花盆，里面长一棵茂盛多刺的仙人掌。她说明天是结婚周年纪念日，你买瓶好酒回来，再买点好菜。他说当然当然。于是她一整天什么也不干，就盼着他买回红葡萄酒和西点小吃，好在烛光下尽情浪漫一番。

　　他回来时，买倒是买了，却是两斤猪头肉和一瓶老白干。她气愤不已，坚决绝食，他却坐在餐桌旁，香喷喷地吃着肥腻腻的猪头肉，并不时喝下一口老白干，叭叭地咂着满足的嘴巴。

　　这些并不是问题的关键。问题的关键是，他们竟然连人生目标和处世哲学，都是那样格格不入。她说我们去城东买套房子吧，那里房价上涨快，当成固定资产。他说又要贷款？压力多大啊，还是轻松些好。她说我们想办法开个公司吧，做大事，赚大钱。他说开那玩意儿干吗，打工多好，老板替我们担着风险。她说我们要争取把日子过得越来越好，让别人瞅着羡慕。他说我认为能保证目前这种安稳的生活就挺好，过日子难道是给别人看的？总之，两个人从来没有吵过架和红过脸，却比吵架和红脸更让彼此的心里不舒服。终于有一天，她忍不住了，彻底爆发，狂怒。他当仁不让。于是战争升级，她跑回娘家。

　　他去求她回来。其实不用他求，她本来就想吓唬他几天，然后自己跑来。那天晚上他们长谈，她说我是咖啡的属性，你是茶的属性，这日子可怎么过？他突然想起什么，说，你稍等，我煮热饮给你喝。十几分钟后，他端给她一杯热饮。

　　她抿一口，有咖啡的浓香，也有茶的清冽；再抿一口，却既不似咖啡香得那样蛮不讲理，又没有茶叶初泡时的那种微涩。她问这是什么，他答咖啡茶，她问怎么做的，他答我也忘了。我忘了刚才是用泡好的茶煮的咖啡，还是用煮好的咖啡泡的茶。她笑了，又喝一口，说，都一样。然后命令他，去做饭！

　　婚姻生活中，针锋相对时，到底该谁作出牺牲？她为他改变？他为她改变？她忍着他？他让着他？这太过复杂了。其实，完全可以试着在某天晚上，精心泡一杯共同的咖啡茶。

恒温之爱

本来计划国庆节出去旅游的，一个向往很久的地方。可是就在国庆节的前两天，女人突然患上重感冒。咳嗽，头昏，发烧，睡不好觉。女人抱歉地对男人说，要不坚持去？男人说那恐怕我就看不成风景了——看你都看不过来。女人说要不你和儿子去？男人说明年再说吧。把病歪歪的你扔在家里，我怎么能心安？

罪魁祸首是家里的空调。本来这样的季节，空调已经关掉，可就在国庆节的前些日子，天气竟又突然热起来，简直让人有了回到三伏天的感觉。打开空调，一点一点调低温度，于是，女人的第一个喷嚏响了起来……

女人的身体一直很好。她至少有四五年没有感冒了。

之前他们对于生活的感觉，只有紧迫和平淡。房贷没有还上，两个人拼死拼活地干。女人在一家公司做翻译，男人在另一家公司做业务，生活节奏很是紧张。和大多数已婚夫妇一样，这样的生活，注定不会有什么浪漫和激情可言。甚至他们感觉对于对方的需要，也远远不如热恋和新婚时强烈，并且，可怕的是，这种感觉竟然与日俱增。——两个人，守一张饭桌吃饭，躺一张床上睡觉，所谓婚姻，好像不过如此。

当然在婚前，他们也曾有过花前月下卿卿我我的日子，可是现在，两个人都感觉这些好像没有意思。有什么意思呢？他们早已经过了小男孩和小女孩的那种年龄，特别是心理年龄。

生活开始变得平淡。所以，男人就很少为女人倒一杯茶、烧一道菜，女人就从不在男人面前撒一句娇、发一声嗲。没有这个必要。夫妻俩在一起是过日子的，不是谈恋爱的。

可是现在女人病了，他们就有了几乎 24 小时守在一起的七天时间。于是，突如其来的一场感冒，让男人和女人的生活有了不同平常的变化。

男人为女人烧好菜又摆上桌，问她，怎么样？女人尝尝，说，一般吧。却吃得比以往都多，完全不像生病的样子。吃完饭，女人坐在沙发上看电视，男人将盘盘碗碗洗刷完毕，又为她端来一杯水。他把水和药片递到女人手里，说，试试烫不烫？女人把水杯凑近嘴唇，说，好像有点烫。于是男人接过水杯，放到嘴边，一下一下地吹。过一会儿再试，女人说这下好了。吃完药女人突然狡黠地笑了，她说，其实一开始就不烫呢。

中午时候女人躺在床上休息，床头的花瓶里插着男人早晨为她买来的鲜花。她睡不着，拿一本杂志胡乱地翻。男人说听听轻音乐吧。轻音乐，有助于睡眠。男人翻出一盘磁带，很快，卧室里就飘起温馨动人的曲子。女人想卧室里多久没有响起音乐了？男人多久没有给她送花了？好像，总有三四年时间了吧。

黄昏时男人扶女人出去散步。其实根本不用扶，女人甚至比男人走得都快。他们一起在小区凉亭看别人下象棋，一起在小区花园里看迟开的花，一起在小区健身场的单杠上压腿。男人想多久没有在黄昏一起出来散步了？好像，总

禅解情缘

有四五年的时间了吧？夕阳为他们镶上金色的轮廓，一首钢琴曲在凉风中袅袅飘来，两个人竟然再一次有了花前月下的感觉。

回家时他们同时在楼梯口站住。男人说，背你上去？女人说，背我上去？他们俩同时说出这句话，说完，你看看我，我看看你，又一起哈哈大笑。男人深弯下腰，女人毫不客气地趴到他的背上，男人咧咧嘴，直起身，一步一步爬起楼梯。男人说你现在变得好重。女人笑，一只手钳住男人的耳朵，轻轻地拽。其实女人并不太重，男人甚至一边爬着楼梯一边哼起了歌。——这是他们热恋时常玩的游戏。

他们就这样度过了七天长假。感冒已经痊愈，女人变得神采奕奕。那天晚上他们坐在沙发上看电视，女人突然说，奇怪，怎么希望永远这样病下去？

男人就笑了。他说是很奇怪，我竟也有这样的感觉。

其实两个人都知道，他们需要的不是一场感冒，而是对浪漫的需要，对丰富而非单调的婚姻生活的需要。两个人共处太久，生活当然会变得平淡并且乏味。这个时候，一杯水，一首曲子，一句话，一次散步，一场并不到位的卿卿我我，都会让生活重新变得浪漫和丰富。并且，这浪漫和丰富，需要一种长久。长久了，爱情才会保持最适宜的温度，既不会滚烫，也不会冰凉。这样的爱情和婚姻，才恒久，才稳固，才不会忽冷忽热，才不会感冒。

其实，婚姻与热恋，凡常与浪漫，对每一对夫妇而言并不矛盾。让生活变得浪漫起来，似乎也并不困难。

百花深处是我家

有一段时间，他们搬到了乡下。那是父亲留给男人的老宅，老宅在村头，村子挂在山腰。那里交通很不方便，每天只有一班开往城里的过路车，男人和女人，就靠着这班过路车，在城市和乡村之间往返。当然，这一切，并非他们所愿。

因为他们卖掉了城里的房子。本来运转良好的公司，突然由于男人一个小的失误，陷入困境之中。几天后男人在慌乱中犯下第二个错误，非但未将公司挽救，反而更是雪上加霜。男人在女人的鼓励下孤注一掷，他卖掉了汽车和房子，暂时搬到了乡下的老宅。

然而，即使这样，也仅仅能够勉强维持公司暂时不倒闭。男人愁眉不展，他想难道打拼这么多年，就落得个这样的结局？他生在乡下长在乡下，知道乡下的艰苦。假如他的公司不能够挺过难关，那么，他想，他极有可能会重回贫穷，重回一无所有。

女人仿佛仍然是快乐的。每天她坐在井台边洗着衣服，手和胳膊冻得像两根红萝卜。那时已是初春，万物开始复苏。可是男人的公司却没有任何复苏的迹象。男人每天阴沉着脸，从乡下坐车到城市，再从城市坐车回到乡下。他不知道自己的公司还能够支撑多久，自己还能够支撑多久。他怕一觉醒来，一切都不可补救。

机会突然来了。一位多年前的朋友突然打电话找到了他，要和他谈一笔大生意。假如男人能够将这笔生意谈成，那么，不仅公司会度过暂时的难关，朋友还将与他签订一个长期的合同。男人知道这是一个难得的机会，他必须抓住。

男人不敢告诉朋友他现在的窘境。假如他说了，那么，他想，这笔生意也许会泡汤。没有人愿意和一个濒临破产的公司合作，没有人愿意冒这个风险。并且，以男人那时的实力，根本不应该签下这笔合同。

他和朋友约好在茶馆见面，那是他们第一次合作的地方。那天男人穿着得体，谈吐非凡。为这个难得的合同，他甚至关掉了手机。朋友问他公司的生意还好吗？他说非常好。说这些时，他连自己都没有底气。朋友掏出拟好的合同，他匆匆看了，一切都没有问题。他和朋友将合同铺上桌子，拔开笔帽，准备签下各自的名字。那一刻他激动万分，他认为一个伟大的时刻即将来临。

这时女人走了进来。

女人并不知道男人要在这里签一个合同。每天男人都会去接女人，然后一起去马路边等唯一的一辆公共汽车。可是今天，直到那辆公共汽车开过去，男人也没有出现。她给男人打电话，男人的电话关机。她再打电话到男人的公司，男人的同事告诉她，男人去茶馆谈生意了。——那个茶馆距他们等车的地方，不足三百米。

女人一走进茶馆就看到了男人和他的朋友。女人认识男人的朋友，她和他礼貌地打着招呼。朋友暂时停下手中的笔，问你来找你的老公？女人笑笑说是，我们要一起回家。朋友笑了，他说你们还这么恩爱。男人紧张起来，他怕不明情况的女人说出他们的实情。朋友继续问你们还住在那栋一百三十平的房子里吗？女人说，早搬走了。

男人流下了汗，他忙对女人说我和朋友有一件很重要的事情要办，你先到外面转转，一会儿我打电话给你。女人看看桌面，似乎明白过来。她说好，然后想转身离开。朋友问她那你们搬到哪里去了？女人说，百花深处是我家。

然后她和朋友礼貌地告别，一个人重新走上大街。朋友愣了愣，又明白过来，他说，原来换成别墅了啊！——这实力！低下头，迫不及待地签上自己的名字，然后盖好随身携带的印章。很显然，女人刚才的话，粉饰了男人的处境。

回到家，男人美美地将女人表扬一通。他说你的反应多敏捷啊！女人没听明白，什么敏捷？男人说你那句"百花深处是我家"，对我的朋友，对那个合同，有很大煽动性呢。女人说什么合同？男人说我们签的合同啊，这合同能挽救公司呢。女人说那太好了。不过我当时真不知道你们在签合同。

男人说你不是看桌面了吗？女人说我是看了桌面，可是我只看到了茶杯。男人的汗再一次流下来，他想多险啊！如果女人说错了话，这笔生意可能真就泡汤了。不过男人还是不明白，他问既然你不知道我们在签合同，那你最后那句话什么意思？

女人说我什么意思也没有啊！我只是说了句实话。难道不是吗？

当然是。现在是春天，他们的房前屋后，开满了鲜花。房子虽然破旧，可是在一片花的海洋中，那房子，就像一座童话中的宫殿。只是男人看不到那些花儿，他只盯着他的公司，只想着他的公司。他认为事业和鲜花是两回事。

男人说，你的实话，可能会让我们失去一纸合同。

女人说其实，就算这次你的合同真的没有签成，我们不是还有机会吗？或者，就算我们真的一辈子住在这里，又怕什么呢？有钱人来乡下住的别墅，没钱人在乡下住的房子，有什么区别吗？只要生活中还有美丽的花儿，只要我们的眼睛能看到这些花儿，生活每天都充满着机会。

男人想了很久，然后点点头。他说是这样。其实生活不需要粉饰，因为这世上，本来就到处都是花儿。只要眼睛还能看到这些花儿，人生处处都是机会。

感情田园的稻草人

她还记得男人给她讲稻草人的故事。稻草人穿着色彩艳丽的衣裙，忠心耿耿地守护着金灿灿的乡间田园。那时他们还在读大学，晚上，有月亮的时候，校园的草坪上，她依着男人的肩膀，想着稻草人虚张声势地驱赶馋嘴的麻雀，偷偷地笑。

男人从乡村来到城市，一个人不停打拼，终于扎下了根。生活当然过得艰难，她为男人，为他们的家，付出了太多太多。好在男人的事业正朝好的方向发展，他每天穿着藏蓝色的西装，打着银灰色的领带，见各种各样的客户，谈各种各样的生意。男人在奔向成功，在他们婚后的第五个年头。

可是女人突然发现了男人的蛛丝马迹。之前只是听说，她并不相信。她不可能相信那样爱她疼她的男人竟会变心。可是男人的行为，好像可以说明一切。

她知道男人偷偷地买过一套女装。很高档的那种，这之前，男人从来舍不得为她买。那天男人带着一位很时尚的女孩，那是男人公司的职员。她和女伴正在一扇窗子的后面喝茶，女伴说，你老公！男人就走过去了，目不斜视，臂弯上搭着那套女装。她说你看错了，不是他。她极力为他辩护的谎言像一把锋利的刀子，忍着痛说了出来，却把心划开一道口子。

男人去很远的城市出差，回来后，老是鬼鬼祟祟的，似乎藏着什么。夜里女人不小心翻看他的皮包，却翻出一枚镶了宝石的戒指。价值不菲的戒指，闪着柔和的光泽，却刺得女人眼睛疼痛，不敢去看。早晨女人问男人，有什么送给我吗？男人就变了表情，很慌乱的样子。他说有，当然有……我竟忘了！急急地从一个旅行包里掏出一个披肩。专门为你买的，咱们这里没有。男人躲闪着她的眼睛说。

但是女人曾经在门口的服装超市，见过和这条一模一样的披肩。三五十块钱的东西，挂得到处都是。

什么叫天荒地老？女人想，所谓的天荒地老，或许只是一种美妙的幻想罢了。

女人开始挽救。她不想揭穿男人，但她要挽救他们的爱情。她给男人挑选最好的剃须刀，陪男人看味同嚼蜡的足球赛。她经常往男人的公司里打电话，装作不经意间打听男人的行踪。她抢先接听打进家里的每一个电话，然后柔声呼唤自己的丈夫。她为男人烧最可口的饭菜，然后在吃饭的时候，笑着问男人，下午你过得好不好？一个人还是……

她甚至当着男人的面，虚伪地夸那个时尚女孩很清纯很可爱。说这些时，她盯着男人的脸。她试图从男人的脸上读到些什么。她或许真的读到了，或许没有。她搞不清楚。

她感觉自己现在真的变成了一位穿着艳丽衣裙的稻草人，露着狰狞夸张的表情，守护着自己的感情田园，虚张声势地驱赶着看不见的来敌。多年的感情竟然要靠驱赶和恫吓来维系，她认为她和她的爱情实在可怜。

　　并且，她不知道自己这种夸张的表演，还能坚持多久。

那天男人回来得很早。男人说，知道今天是什么日子吗？她问什么日子。男人说，结婚五周年纪念日啊。女人愣了愣。这么重要的日子，她竟忘了。男人说，今天，我终于可以兑现一个承诺。他掏出一张皱巴巴的纸片，捧给女人。女人接过，那上面写着：八年内，为你买最漂亮的房子和汽车，买最昂贵的衣裙和戒指。下面，是男人的签名。

女人想起来了。大学时候吧，那一天，男人为她写下了这样的两行字。她以为是玩笑，随手丢开，却被男人拣起。想不到，男人竟把一句根本算不上承诺的话保存到现在。

男人说，房子和汽车，我们刚刚有，现在，让我兑现最后的两样。男人为她打开衣柜，女人惊喜地发现，她曾经和女伴一起看过的搭在男人臂弯的漂亮衣服，不知什么时候，已经挂在那里。男人让女人闭上眼睛，然后，女人便感觉，一枚小巧的戒指，戴上了她的手指。

男人说，爱情并不需要昂贵的物什来装饰；但是，所有的承诺，特别是爱人间的承诺，都是昂贵的，都需要兑现。

男人说，其实，两个月前，我就准备好了。想给你一个惊喜，就一直藏到现在。男人竟红了脸，他搓着手，像一位正值初恋的小男孩。

那夜的女人，自责到极点。她认为自己有些过分了。那么宁静的感情田园，她却硬生生地虚构出并不存在的入侵者，然后进行一场虚假的保卫战。显然，过分的敏感，让她差一点点失去真正的感情田园。

其实，金灿灿的感情田园，并不需要虚张声势的稻草人。需要的，只有两位农夫。一起耕作，从青丝，到白头。

烈焰滋味

小瓶装烈酒，流动着的液体的火。火焰在舌尖燃烧，掠过喉咙，停落到胃。火焰在那里越烧越旺，男人甚至能够从嘴里喷出淡淡的青烟。男人听到他可怜的胃壁被灼出哔哔剥剥的声响，男人感觉好像整个人都着起火来。商场如战场，男人的切肤体验。

他不喜欢烈酒，可是他必须得喝。一瓶整整三两的烈酒或许可以为他换来一笔生意，因了一笔一笔的生意，他可以让不再妩媚的女人过上好日子，让年幼的儿子和年迈的父母过上好日子，让自己过上好日子。当然，更多时候，那瓶烈酒不过换来他整个晚上的头痛欲裂。他想他的胃也许被灼烧出很多个小洞，密密匝匝地排着，就像挤在一起的可怜并且无辜的眼睛。

可是那次，当男人将那瓶烈酒灌进喉咙，他突然怔了一下。

那是白水的味道，似乎还调进去一点蜂蜜。

男人再喝一口。没错，的确是调了蜂蜜的白水。他细细检查手里的酒瓶，他发现瓶盖有被开启过的细微痕迹。

对面的男人问他，怎么了？

男人笑了。男人说，好酒。

一瓶白水一饮而尽。

男人回忆老板进来送酒的情景。她将两小瓶烈酒推到两个人的面前，她递给男人一个灿烂并且意味深长的微笑。她指指赠送的醋拌萝卜丝，她对男人说多吃些，解解酒。似乎她还冲男人眨一下眼睛，狡黠调皮的表情。她有凹进去的美丽的眼睛，她有淡淡的妩媚的鱼尾纹，她有黛蓝色恰到好处的眼影，她有朦朦胧胧的长长的睫毛。她在男人面前飘来飘去，如同盛开在湖面上的夏日的莲。

她让男人想起妻子年轻时的模样。

对面的男人打一个酒嗝，说，她好像看上你了。男人正色道，别乱说，心里却藏着暗暗的得意。被漂亮女人关注，被漂亮女人呵护，很快乐很幸福的事情。

那夜他没有头痛。那夜他守着自己的女人，心里又多出另一个女人。

几天后再去那里吃饭，递到他手里的，仍然是一瓶兑了蜂蜜的白水。她的手指苍白纤细，她的指甲上涂了黑色的神秘的指甲油。男人喝一口白水，心情变得空前清爽。那里不再火辣灼热，那里刮起温暖的季风。今天她穿了黑色的长裙，很柔软很下垂，恰衬了她的瘦削、坚挺和饱满。那天她像停落在湖面上的秋日的黑天鹅。

　　男人再一次想起年轻时的妻子。

　　她真的喜欢上你了。对面的男人说，她的眼神就像缎子。

　　他希望这是真的。她是他喜欢的那种女人。优雅，安静，体贴，善良，不动声色。何况她喜欢黑色和白色。喜欢黑白两色的女人注定是孤独的，骨子里深藏着张爱玲般的荒。

　　他想他也许应该主动一些。跟她打个招呼，给她讲个笑话，请她看一场电影或者喝一杯咖啡，赞美她瀑布般的长发和漂亮的衣裙。他并不认为这种游戏有多危险。他可以像赞美一幅画般赞美她。他可以像欣赏一首诗般欣赏她。她可以在她与妻子之间游刃有余。谁让她长得像年轻时的妻子？谁说她把一瓶白水调出甘甜清爽的滋味？

只要想，只要敢，只要努力，所有的男人都会有这样的机会，一抓一大把。

他们隔着餐桌，相对而坐，却不是在咖啡馆，他们坐在她的小店的角落，那时他刚刚送走自己的生意朋友。长时间的沉默，他开始没话找话。他说你的头发很柔很顺，你的衣裙很有风格，你笑起来很好看很单纯，你的小店很兴旺很有特色……还有你的酒。你的酒让我不再头痛，让我不再胃痛，谢谢你的酒。

她笑了。

他说你像我的妻子……像我年轻时的妻子……那时她和你一样漂亮。

她说你妻子现在也很漂亮。

你见过她？他变得紧张。

是的，我见过，她来过两次。她笑着说。她知道这里是你和朋友谈生意的地方。她知道你们有喝小瓶烈酒的习惯。她付了酒的价钱，却让我每次都为你送去一瓶兑上蜂蜜的白水……她说你是家里的支柱，她不想你的胃变成可怜的网兜……

男人掩饰了他的尴尬，却无法掩饰他的感动。没喝酒，却有一朵烈焰落进胸口，越烧越旺。原来一瓶代表着关心和呵护的白水，也能让男人有了被灼伤的快感。

骆驼刺

　　大漠的边缘，挣扎着长出他们的土屋。那么瘦，那么小，歪歪斜斜着，迎着烈日黄沙，更像一棵长在那里的骆驼刺。事实上他们真的栽了一棵骆驼刺。男人从大漠深处挖回来，栽进一只废旧的大缸。他对女人说骆驼刺好栽，一两个月浇一次水就行。到初夏，就会开出鹅黄色小花。那时，咱们的屋子，也被染成暖暖的鹅黄色了。

　　大漠里风大，一年两次，一次半年。经常，早晨起来，门就推不开了。男人从窗口跳出去，拿着铁锹，清理试图掩埋他们的黄沙。那时女人倚在窗口，看近处汗流浃背的男人，看远处稀稀落落的胡杨树和沙拐枣，看窗前那棵骆驼刺。她说骆驼刺会开花吗？她说某一天，这沙会埋了我们的家吗？男人停下铁锹，抬起头，他说会开花，不会埋掉。男人的话总是简洁利索，纯粹且底气十足。

　　男人的工作，在大漠。跟随男人的，有女人，有家，有他们的爱情。虽然男人回家的时间飘忽不定，女人却总有办法在男人推开门时，恰好把热饭热菜端上桌。其实大漠边缘的土屋并不孤单，就在他们不远处，还住着男人的同事。可是女人总觉得浑浑天地间只剩下她和男人，只剩下他们相依为命的爱情。男人说，他们的爱情，就像那棵骆驼刺，耐干耐旱。不必悉心照料，甚至半年不浇水，也不会干枯，照样茁壮。

骆驼刺年年开花。那时他们的家，真的被染成温暖的鹅黄。爱情——骆驼刺，他们融合了两个毫不相干的词。

后来他们回到了城市。他们舍弃掉大漠里的一切，只带回那棵骆驼刺。骆驼刺被男人摆在阳台，与他们宽敞明亮的房子，与他们斤斤计较的摆设，极不协调。女人说要不要丢掉它，换棵巴西木？男人说不要，留着。这棵骆驼刺，见证了那段最艰难的日子，以及我们相依为命的爱情。

不再有黄沙掩埋他们的房子。男人起了床，穿着睡衣，慵懒地翻看着报纸。女人倚在窗口，看熙熙攘攘的人流，看繁华湿润的街道，看淡蓝潋滟的人工湖。她知道遥远的地方有大漠，有风沙，有稀疏的沙拐枣、假木贼和胡杨树，有生长在沙丘上的骆驼刺。她注视着阳台上的骆驼刺，它正开着无精打采的淡黄色小花。这棵骆驼刺，已经彻底归属了城市。

男人越来越忙。他不再需要搬动挡住屋门的沙丘，却远比搬动沙丘忙碌百倍。后来女人也有了工作，也变得忙碌。他们的交流越来越少，有时好几天都说不了几句话。她不再盼着男人回来，不再把两个人共同的晚餐，当成一天中的唯一。很多时，男人推开家门，女人正守着电视，看得眉开眼笑。没关系。城市中，只需一个电话，便会有人送来温热可口的饭菜。城市与大漠的区别，就是把人变得慵懒，把一切变得淡漠。

尽管男人仍然深爱着女人，尽管女人仍然深爱着男人，可是他们好像真的不再需要那些缠绵的情话了。他们照料着自己的工作，照料着各种各样的人际，照料着城市里的一切，却不再照料他们的爱情。城市里有无数个她和男人，有无数个她和男人的爱情，这里不是大漠，他们，还有他们的爱情，全都微不足道。

包括那棵骆驼刺，也包括那些无精打采的鹅黄色小花。好像，缤纷五彩的室内装潢，并不需要那些花儿的点缀。

那天女人在阳台，忽然发现骆驼刺开始干枯。它像一株即将脱水的标本，每一根变成细刺的叶子，都接近萎黄。女人被自己的发现吓了一跳。她一下子想到了他们的爱情。

女人冲向厨房。她接了满满一盆水，一滴不剩地浇给了骆驼刺。

女人给男人打电话。已是深夜，男人还在外面应酬。男人说有事吗？女人说，骆驼刺要枯了。她能感觉到男人在那边愣住了。也许男人在想，这么耐旱的骆驼刺，竟然也会干枯？难道三四个月来，他和女人没有给那棵骆驼刺浇一点点水？男人沉默了很久，说，知道了。然后挂了电话。

挂了电话的男人，推开了身边的事，赶回了家。

男人坐在沙发上，低头不语。也许他感到一种恐惧，也许只是伤感。女人说我们怎么会这么忙，怎么会连给骆驼刺浇点水的时间也没有。女人说你曾经说过，骆驼刺就像我们耐干耐旱的爱情，几个月不浇水，照样茂盛。女人说可是今天如果不是无意中发现，那棵骆驼刺，可能真的要枯死了。女人说不浇水的爱情，会不会枯萎？女人的眼角开始湿润，一滴泪终于顽强地盈出。

男人吻了她。男人说，我们做饭吧。

几个月来，他们头一次在家里做饭。厨房里竟然积满了灰尘。仔细看，灶台上甚至盖着一层极细小的沙粒。原来，城市里竟也有风沙的。

女人抹着灶台的灰尘。她说骆驼刺明年会开花吗？她说某一天，这些沙会埋掉我们的家吗？男人停下手里的活，抬起头。他说会开花，不会埋掉。男人的话再一次变得简洁利索，纯粹且底气十足。

那夜女人不停地去看她的骆驼刺。仿佛那些刚刚喝足水的枝枝刺刺，已经开始泛绿。于是女人笑了。她梦见了大漠，梦见了漫天的黄沙，梦见了挣扎在大漠里歪歪斜斜的土屋。她看见风沙正在湮灭一切，可是她躺在染成鹅黄的温暖的土屋里，枕着男人的胳膊，睡得安静和踏实。

贫贱夫妻的幸福

那对夫妻的修车摊和修鞋摊，挤在一条胡同的尽头。城市中这样的胡同已经不多，这也许是他们的最后领地。

男人的脸似乎总也洗不干净，他说土地的颜色已经深渗进去，根本不可能洗掉。男人的话也许是正确的。他跟土地打了半辈子交道，可是现在，他却不得不告别他的土地，在城市里摆起一个修自行车的小摊。他说没办法，城市需要发展和扩张，就得有土地供城市挥霍和吞噬。他说他的土地不见了，那里变成了宽阔平整的柏油路面，那上面长满着光鲜的脚板和各式各样的汽车轮胎。

男人跟顾客说这些时，女人会坐在旁边静静地听。修鞋摊生意更是清淡，一天中大多时间，她更像男人的听众，或者仅仅是男人的唯一听众。有时她会帮男人一把，递个改锥或者钳子，她的手和男人一样粗糙。

她告诉别人他们生活得很好。分到了三室两厅，房子宽敞得能跑火车。不过还是有些不方便，她说，再宽敞的房间，也不能扣上塑料大棚，所以总觉得心里没底。既不能算城里人，因为没有工作；更不能算乡下人，因为没有地种。每次说到这里，她总会看看她的男人，你说咱们现在算什么呢？男人就停下手里的活，冲她嘿嘿一笑。男人说只要还活着，管他算什么。

其实他们不仅仅是活着，他们还活得很有规律。

每天他们需要走很远的路才能来到这里。他们来到这里时，天总是刚刚亮。因为没有店面，他们一天中需要的所有东西，都靠了男人的一辆三轮车。三轮车上堆着自行车轮胎，堆着钉线机，堆着锉刀、打气筒、补胎用的胶水和洗脸盆、修鞋用的钉子和羊角锤……三轮车上还坐着女人，女人抱着两个铝皮饭盒和一个大容量的可乐瓶。可乐瓶是满的，那里面装着他们要喝一天的凉白开。

从没有见过他们在外面买饭吃。更很少看见他们买一瓶哪怕一块钱的矿泉水。

那天特别热，偏偏那一天，等待修理的自行车特别多。他们吃完了午饭，只休息一会，便又开始了工作。男人给一辆自行车换着车刹，女人用一把小锉刀锉一块补胎用的皮子。女人抬起头来，擦一把汗，问男人，还有水吗？男人拿起那个可乐瓶看看，说，没有了。女人说哦，擦一把汗，低下头，把胶水均匀地涂上那块红褐色的皮子。

男人说等把车刹换好，我去给你买。女人说，不用了。她去三轮车上看那只脏兮兮的水桶。那只水桶里当然装着水，却是不干净的水——那些水是用来倒进脸盆里以便检查自行车哪里漏胎的。女人把那只水桶掂了掂，又放下。女人说，真不用了。坚持一会儿就回家了。男人坚定地说，等修完车刹，我去买。

说话间男人猛地缩了一下手。他看看自己的手，站起来，去三轮车上取下一个新刹车。女人说你的手怎么了？男人说没怎么。女人不信，忙拽过男人的手看。她发现，男人的手指正流着血。虽然伤口不大，可是那伤口的周围，沾满着油污。

女人说这么不小心，快去买个创可贴贴上。男人说没事的，我先把这辆车子修完。女人说回来再修吧，感染了可就麻烦了。胡同口正对着一条街道，那里有一个药店和一个小商店。女人说快点去吧，不差这一会儿。男人想了想，说，

禅解情缘

好，却站着不动。女人说还不去？男人说钱呢？女人就笑了。——男人总是把钱交给女人保管，他说这样不容易丢失。

女人擦了手，掏出钱包。他找了好久，却只找出一块钱零钱。她说我记得早晨里面还有一张十块的，怎么没了？她把一块钱递给男人，又递给男人一张一百块的。

男人说再没零钱了吗？女人说没有了。男人捏了一块钱和一百块钱，冲女人笑笑。他说嘎嘎响的一张百元大钞就这么换成零钱了，多可惜。女人说快去吧，别忘了先跟人家要点清水把手洗干净。

男人就去了。商店在药店旁边，经过药店时，男人并没有停下脚步。他径直走进商店，对店老板说，买一瓶一块钱的纯净水。然后又不好意思地说，有没有清水，我想洗洗手。

回来的时候，他的手里拿着一瓶矿泉水和那张百元钞票。他说药店里刚好没有创可贴了，不过我在里面洗了手。你看，这么小的伤口，真的不碍事。以前种地时，脚被锄头啃掉一块肉，不也一样没事？正好我用这一块零钱买了一瓶水，这一百块钱没有动，你收好。女人盯着他，问，药店真没有创可贴了？男人说当然没有了。女人说真没有了？男人说真没有了，我还能骗你不成？女人白男人一眼，松开一直握着的手。她说，快贴上吧。

她的手里，握了两个创可贴。

男人任女人给他的伤口贴着创可贴。他问女人你去买的？女人说是，那时你正在商店装模作样地洗手。男人说你怎么知道我回来时不会买？女人说我当然知道。这种事，你干过又不止一次。

上个月，家里来了客人，让你去买你爱吃却一直舍不得吃的对虾，你却偏偏买了我爱吃的烤鸭。你说对虾卖完了，烤鸭却到处都有卖；前几天给你一百块钱，让你给自己买一条裤子，你回家时，却给我带回一条裙子。你说逛了三家服装店都没有碰到合适的裤子，却正好看到一条适合我的裙子。我就纳闷，怎么会这么巧……

男人轻轻地笑起来。他说难道你不是么？……咱们的钱只要一紧张，你早晨就不喝豆浆了。你说你一喝豆浆就会拉肚子，却偏偏硬逼着我和儿子喝；前些日子，我去超市买面粉，到超市后才发现口袋里的钱丢了。我回家告诉你钱丢在路上了，你马上反驳说钱根本就没有丢，钱是掉在家里了，还正好掉在客厅。我也纳闷，怎么会这么巧……

说到最后，两个人都笑了。却都红着眼圈。

天黑下来，女人清点着一天的收入，男人把板凳、洗脸盆、打气筒、旧轮胎往三轮车上搬。女人冲男人说，今天赚了不少呢。男人说你说什么？女人说，今天赚了不少。男人说哦，那回家时，顺便买一斤对虾犒劳一下自己。女人白男人一眼。她说对虾肯定卖完了，就剩烤鸭了。男人停下手里的动作，他瞅瞅四周没人，飞快地在女人的脸上轻拧一下。他说今天肯定有对虾，当然，也有烤鸭。

男人蹬着车子往回赶，拉着他的家当和他的女人。女人看着行色匆匆的路人，问男人，你说咱们现在到底算城里人还是乡下人？男人没有回头。他嘿嘿一笑，说，只要还活着，管他算什么。

其实他们不仅仅是活着。他们还活得很认真，很幸福。

人间有味是清欢

有一阵子，他们常常聊起乡下，聊起炊烟、水塘、田野以及山那边的黄昏。聊这些时，他们也许坐在阳台上啜一杯清茶，也许坐在客厅里啃一只苹果，也许站在公交站点等一班晚点的公车。好像，他们一边尽情享受着城市生活，一边对乡下生活怀有几分向往。

下班后，他们的生活空间，只有真实的三室一厅，和那些由语言延伸出来的虚幻的田野和远山。

他不是那种浪漫的男人。他很少和她说肉麻的情话。他们从来没有在假期里一起出去旅游过。甚至，他很少主动去牵她的手。他的木讷和呆板常常令她不满。她说你看人家谁谁谁，上班前总吻他太太一下呢。他于是也吻，跟小鸡啄米般迅速和慌张。她说你看人家谁谁谁，总给他太太买大捧的鲜花呢。

他于是也买，挑最便宜的玫瑰，放一晚上就全部蔫掉。

她说你看人家谁谁谁，给他太太买很大的钻戒呢。他于是开始翻家里的现金，又找出存折，很有些奋不顾身的壮烈。却被她拉住，纤纤玉指轻戳着他的额头，傻样，两个人一起笑。

　　却仍是感觉缺少些什么。缺什么呢？浪漫和激情吧！两个人长期囚在一个小的空间里，都会变成这样吧？她想，也许应该刻意改变一下这种生活。她认为生活和爱情的味道，应该再浓烈一些。

　　后来他们各自升了职，薪水的增加也换来了工作的烦琐。再后来他们开始习惯在外面吃饭，习惯在饭后去唱唱歌，习惯唱完歌后再叫来朋友看一场电影。他们觉得这很正常，特别是她。她想，这算是对白天辛苦工作的一种补偿，也算是对以前平淡的婚姻生活的一种补偿吧。她甚至习惯在各种场合挎着他的胳膊，招摇过市。

　　他们现在没时间在阳台上喝茶、在客厅里啃苹果了，他们在夜晚的霓虹灯下拼命从一个地方赶到另一个地方，好像他们真正地融入了城市白领的生活，包括生活习惯。但某一天，夜很深，他睡熟了，她却睡不着。拖着睡衣，踱到阳台，开了灯，突然她发现，他们以前常坐的那张藤椅，竟然堆积了厚厚的灰尘。

人间有味是清欢　　83

突然她觉得有些孤独。他就躺在旁边，她却仍然孤独。突然她认为他们正在透支着独属于他们的时间，那些人声鼎沸的场合里，那些到处都是目光的空间里，他们其实只属于自己。他们丢失了以往那种从容的交流，丢失了本应属于他们的平淡和单纯的快乐。现在拥有的，只是些虚假的浪漫和激情罢了。

她笑了，如果这也算浪漫的话。

她盯着他，她觉得他虽然木讷，但他的爱情并不木讷。她想爱情是什么呢？面对面的几句话，一个削好的苹果，一个深情的眼神，或者什么也不说，什么也不做，两个人坐在藤椅上默默地喝茶，这难道不是纯粹的爱和依恋么？

现在，她想他们的爱情被装饰了，漂亮却脆弱，多了些造作的表达，却少了些自然的流露。她把他叫起来，泡了茶，擦了藤椅，他们坐在那儿，静的夜，他们听见彼此的心跳和地球转动的声音。那是时间流逝的声音，他们在静静地老去。

那以后他们尽可能推掉能够推掉的应酬，尽可能减少外出吃饭的日子。他们回归到了从前。他们仍然聊着乡下，聊着麦田和沟渠、青草和远山，她认为那是心的归宿，与节奏强烈的城市生活形成完美的互补。

更多的时候，他们并不说话。她给他削一个苹果，他接过来咬，甚至没有一句谢谢。她不再说谁谁谁的吻、谁谁谁的鲜花和钻戒，她觉得自己其实并不真的需要这些。夜深时，他们坐在那儿，听彼此的心跳，两个相爱的人一起静静老去，她认为，那是一种彻底和纯粹的幸福。

第三章

月
圆
花
好

人面桃花

下岗后，男人在乡下老家待了很长的时间，回来后男人说，他看中了三十亩坡地，可以栽上一坡桃树。当然，这不是咱家的后花园。他补充道，这算我们的第二次创业。

女人听着，愣了愣。她想起乡下颓败的土墙，泥泞的土街，苦咸的井水，还有空气中令人作呕的粪便气味。女人说要去你自己去，我在乡下住不习惯。男人说你不是很喜欢桃花吗？三四年后，那一面山坡，就会开满灿烂的桃花。女人说你说什么都没有用，反正我不去。于是男人和女人争吵起来，他们各自坚守着自己的底线，谁也不肯让步。

是的，女人知道自己喜欢桃花。但好像，她更喜欢客厅和花瓶里的桃花。去乡下？女人想，那将是多么可怕的事情。

后来男人一个人去了。正如他说的那样，他在那片山坡上不停地栽着桃树。因为生着女人的气，半个月的时间里，他没有给女人打过一个电话。但那天，他正扛一捆树苗向山上走，突然，他看见女人了。女人站在那儿，远远地冲着他笑。他说你来干吗？女人说，帮你栽桃树啊！女人穿着粉色碎花的长裙，戴着银亮的首饰。栽桃树？男人笑了，你穿成这样，倒像一位来赴全桃宴的贵妇人。

男人在山下搭一个简易的窝棚，那是男人和女人的新家。生活的艰苦远超女人的想象，她认为要这一面山坡开满桃花并挂满果实，并不比治理一个沙漠轻松多少。

慢慢地，她感觉自己完全变成了一位村妇，皮肤粗糙，嗓音沙哑，头发凌乱，关节粗大，指尖上满是厚厚的老茧。经常，她会陷入一种深深的无奈情绪之中。她想她的后半生就要在乡下度过吗？她想她再也不会性感迷人了。她想一个女人不再漂亮和青春，那还能剩下什么呢？这样想着，有时夜里她就会跟他抱怨，甚至流下楚楚可怜的泪，可是白天，她仍然和自己的男人一起，拼命在山坡上劳作。她想，命吧？她离不开他，就像他离不开满山的桃树。

桃花终于开了，仿佛一夜之间，山坡上便飘满了粉色的云霞。却没有想象中的兴奋，她和他，都平静得很。那天，她长时间盯着一株桃树，桃树的老根如她粗大的骨节，枯裂的树皮如她粗糙的皮肤，弯曲的枝干如她有些佝偻的腰，而那些娇嫩鲜艳的桃花，与她曾经美丽的容颜，却无一丝一毫的联系。这样想着，她便用手捂了脸，久久地坐着。后来她的肩膀开始剧烈地颤抖。那是无声的恸哭。

桃子卖得很好，他们赚了很多。男人说，那是因为他们种了蟠桃——王母娘娘蟠桃宴的蟠桃。其实就是扁桃，男人说，哪有什么蟠桃啊，只是一个好听的名字而已。而这之前，他们当地是不产扁桃的。

后来他们雇了帮工，生活稍有清闲。再后来，男人用赚来的钱在城市里投资了一个果汁厂，她于是自然而然地回到了城里，带一身乡土气息，和一张农村大嫂的脸和身子。此时的男人，已经把桃林变成了六十亩。他有一辆自己的车，每天不管多晚，都要行驶一百多里，回到城里的家。桃花开时，他也从不忘带一枝桃花，送给他的女人。

女人说，你那么累，不必天天回的。再说桃林是你的事业，你得守着。男人说没事，桃林现在只是咱家的后花园了。再说我总觉得那六十亩桃林，缺一枝真正迷人的桃花。女人盯着男人狡黠的眼睛，她知道男人想说什么。女人就笑了，笑出一滴泪，她说我都老成这样丑成这样了，还桃花？

男人握着她的手，久久无语。他想去吻那滴眼泪。男人觉得这泪，真像是桃花上的露珠呢。

石匠的戒指

石匠虎背熊腰，铁錾似的肤色，青石般的骨骼。

别人送他一小块玉。天然未经雕琢的玉，像块石头，又小又丑。石匠拿给工友看，说，这玉能做成什么？工友们看了，一齐摇头说，能扔吧。然后爆笑。石匠把玉一遍又一遍地看，说，戒指呢？便有人笑岔了气。你只是个匠人，你以为你是艺人？

石匠找一块红色的布，小心翼翼地将玉包起，仿佛那是无价之宝。他想把这块玉，变成一枚真正的戒指。

从那以后，石匠休息的时候，不再和工友打牌。他把大青石打成很小的碎块，然后一手握紧铁錾，一手操着手锤，试图凿磨出一枚真正的戒指。石匠表情专注，铁錾似的肤色，青石般的骨骼。

工友问他，你的玉呢？石匠说那可不能急，我得先拿青石下手，练到万无一失。

石匠微薄的工钱，让他一直没有能力为自己的女人买一枚戒指，哪怕是一枚非常普通的。

石匠把无数大青石变成小青石，把无数小青石变成更小的青石，把无数更小的青石，凿磨成白色的碎末。好像，根本就没有可能，把他铁錾下的石头变成一枚石戒。

工友们劝他，还是算了吧。青石，脆且硬，颗粒大；玉石，韧且软，颗粒小。所以就算你真的用青石凿出一枚戒指，又有什么用呢？青石与玉石，完全两回事。再说你根本不可能凿出一枚戒指。你是石匠，不是艺人，你拿的是大锤和铁錾，不是刻刀和砂纸。石匠说，我试试嘛。他一手握紧铁錾，一手握紧手锤，目光专注。那锤轻轻地在铁錾上敲击，发出极轻微的金属脆响。然后，突然，石匠猛拍脑袋。一枚几近成形的小石戒，啪嗒一声，裂成两个半环。

石匠的那小块玉，放在家中的床头柜。回家里，经常翻出来，细细地看。看久了，他想，这也许真是块青石呢。他知道，有时青石和玉，会毫不讲理地夹杂，混淆视线。

女人说你不可能凿出一枚戒指的。女人长着宽大的脸，矮矮的个子，粗糙的黑里透红的皮肤。石匠说难道你不想要戒指吗？女人说可是你凿不出来的。再说我都这岁数了，还是别要了。石匠说，大馋嘴。这时女人，便不好意思地笑了。

的确，拿石匠的铁錾凿磨戒指，就像挥一把铡刀修剪指甲，这怎么可能？

石匠回到工地。几个月后，换了工作。他不再开石凿石，而是变成伙房的师傅。他煮了全工地石匠的饭。

可是，只要有时间，石匠仍然坐在那里，试图用一块青

　禅解情缘

石，凿磨出一枚戒指。石匠表情专注，铁錾似的肤色，青石般的骨骼。

石匠凿磨了三年。

终于，有一天，黄昏，石匠凿出一枚石戒。完整的石戒，被石匠戴在右手的小指，痴痴地看。夕阳静静地照着，那石戒便有了金色，有了鲜活的生命。石匠久久地坐在那里，不说话。他想起自己的女人。

石匠又练了一年。他凿出很多枚一模一样的青石戒指。他把它们串起，挂上身后的墙。

那天石匠郑重地打开红布包。那是一个伟大的时刻。石匠取出那小块玉，盯着它看了一会儿，独自笑了。石匠慢慢地走出屋子。

石匠真正的工作，终于开始了。手锤还没有抡起，先有一滴汗落上了那玉。

铁錾和玉，轻轻撞击。只那么几下，石匠便发现，他保存了四年的，竟真的是一块青石。上面沾着的一点点玉，已经被他的铁錾研成细腻的粉尘。

石匠没有停下，他继续着动作。他的动作专注且郑重。一下，两下，一天，两天，终于，那块青石在他的铁錾和手锤下变成一个粗糙的环。

石匠拿着砂纸，包着石戒，细细摩擦。那环逐渐清晰明朗，有了戒指的模样。

石匠改换了刻刀，在上面，刻下笨拙的花纹。

那戒指，便终于完成。他拿着这枚石戒，和身后墙上的一串石戒比较。他发现，这石戒其实并没有什么特别。甚至，那串石戒里，随便拿出一枚，都比这枚耀眼。

石匠回了家。

他把石戒拿给女人，他说，竟真的是块青石。女人接过来，往手指上套。她说你凿了好多？石匠说是的，不过那些都被我毁了。女人说可惜了。石匠说不可惜，那些是习作，这件才是作品；那些只是石头，这个才是戒指。不过，竟想不到，到最后，还是送你一块青石。女人说，挺好了，挺好了。

女人站在窗前。她的中指戴着那枚青石凿磨而成的戒指。她把五指分开，手掌朝里，仔细地看那石戒；然后，再把手翻过来，手掌朝外，再仔细地看。女人看了好久。夕阳照进来了，将那石戒染成近似透明的红。

女人终于轻轻地哭了。她抓起男人的左臂。她说，不让你凿戒，你偏偏……

石匠笑笑，没说话。

女人抓起的，只是一只左臂。三年前，一次意外，一块巨石砸中石匠的左手，现在那里，只剩下一个光秃秃的手掌。

多少时，黄昏里，石匠静静地坐着，右手握着手锤，左臂的臂弯里，夹着冰冷的铁錾。他一下一下地敲击，一次一次地研磨，只为给自己的女人凿磨出一枚真正的戒。

那是爱情的表达吗？石匠不知道，他甚至没有想过。他不懂这些。

石匠虎背熊腰，铁錾似的肤色，青石般的骨骼。可那心，却是玉的质地，柔软，坚韧，并且细腻。

幸福果

朋友开了个水果店，总是在最明显的位置摆上苹果。在北方，苹果不稀奇，加之是产地，苹果并不能为他带来很高的收入。也曾给过他建议，让他在最明显的位置摆上火龙果、香蕉、荔枝……朋友笑笑，说，我喜欢被苹果的气味包围，这会让我安静和幸福。

大多时候，朋友坐在收银台那儿。收银台被摆放得整整齐齐的苹果包围，苹果的香甜气息丝丝缕缕，不热烈，却恰到好处。朋友说，他迷恋那种感觉。

一年以后，朋友关掉了水果店。以为他生意清淡，撑不下去，打电话问他，他告诉我，他现在开始种苹果了。换句话说，他成了果农。

他的疯狂让我震惊。

这么多年，朋友一直是一个闲散的人。事实上，开水果店之前，朋友曾有一个非常体面的工作。他辞掉工作的理由是：他不喜欢太累。他说的累，不仅指身体，还有内心。朋友告诉我，他不想把自己变得越来越世故。人就应该越活越单纯，朋友对我说，就像苹果，清清淡淡的甜，清清淡淡的香，纯粹，平实，大众，不霸道。

苹果的品质，如人的品质。可是他成了果农，仍然让我看不懂。

朋友说，如果有空，你可以过来看看。漫山遍野的苹果，漫山遍野的苹果香气……

朋友的话，将我打动。我想，躺在果实累累果香阵阵的果园里，品一壶好茶，看白云从枝隙间缓缓流走，时光应该美好得近乎停止吧？可是我还知道，果农的日子，从春到秋，少有清闲。除了那些美好，果树带给他们的还有劳累。

一个苹果从挂果到摆进果盘，并不容易。

很难想象朋友那样闲散的人，能够做好一个果农。印象里，果农的脸上应该挤满皱纹，嘴里应该叼着烟袋，皮肤应该晒成古铜色，面对一园果实，应该眯着眼、抽着烟，静静地看着它们。朋友不是果农的模样，也许，他永远也成不了一个优秀的果农。

去沂源找到朋友，才知他的果园远非我想象中的模样。果园不大，果树都已不再年轻。朋友告诉我，人如树。树龄太大的果树，结果便不会太多，终有一天，它们也会像人类一样死去，然后也许会在它的位置，栽下一棵新的果树。对它们来说，轮回也代表着新生。

原来，朋友是接手了别人的果园。朋友说，那时这些树已经很老。我舍不得看它们就这样被砍掉，跟妻子商量了一下，就接过来。总可以挂几年好果实吧……

我笑了。朋友不仅不是一个好果农，还不是一个好商人。

那时苹果已经去袋，秋日的阳光正在为它们补充颜色和甜度。朋友坐在果园里，看着那些苹果，突然说，我喜欢这样的生活。早晨起来，园子里走走，闻一闻果树的气味，感觉整个人从内到外都是新的……这里没有污染，很少人打扰，你想要多安静，就会有多安静……苹果树也许是世界上最懂得感恩的树吧？你如何对待果树，果树就会如何回报你……你有多少年没有听到鸟鸣了？在这里，只要你肯倾听……

可是真正的果农不是你这样的吧？我说，我知道，果树其实并不好侍弄，果农的工作并不轻松……

你可以换成另外一种方式。朋友说，比如我从来没有把种果树当成事业，我将它当成生活……

生活？

整个果园就是我的家，果园里的蜜蜂、蝴蝶和鸟儿都是我的朋友和家人。朋友说，我种下蔬菜，养了牛羊，每天陪

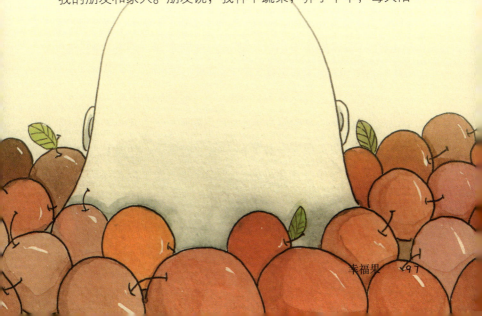

妻子到园子里走一走，干点活，这样想着，你就不会累了。

说到这里，朋友笑了。每天面对你的家，面对你的家人，你还会累吗？

我承认朋友说得很有道理。

下午，朋友在他的果园里宴请我。自种的蔬菜、自养的鸡鸭、自酿的米酒，我和朋友喝得烂醉如泥。饭后，朋友随手从树上摘了一个红透的红富士，衣襟上擦擦，递给我。苹果是世界四大水果之一，而产自这里的苹果，不仅色泽鲜艳、清脆香甜，并且无公害。朋友笑着对我说，甚至可以不必洗，枝头上摘下来，直接啃就是了。

咬一口，果然既脆且甜，润喉生津，刚才的酒，仿佛也解了一半。

因为沂源是山东海拔最高的县，夜里的果园，稍有凉意。朋友说，正是因了高海拔，才能长出这般惹人喜爱的苹果。可别小看了这些苹果，朋友指着满园的苹果说，它们曾被评为"奥运推荐果品一等奖"和"中国国际林业博览会金奖"，并被中国果品流通协会授予"中华名果"的称号，荣获北京奥组委"奥运推荐果品"一等奖。说到这里，朋友冲我眨眨眼睛，说，你吃的是名副其实的"奥运果"呢。

问他为什么会突然关掉水果店，来这里种苹果，朋友说，因为他的妻子。这时我才意识到，这么多年，我一直将他的妻子忽略。朋友很少在我面前提及他的妻子，但是我知道，他的妻子这几年身体并不好。现在，他的妻子坐在不远处，一边啃着苹果，一边听着收音机。

大夫说，找个空气好的地方待上几年，干些农活，也许会对她的病有帮助。朋友说，之前他们有过类似的病人，看似没救了，乡野里待上几年，竟然康复了……

看似没救了？我惊愕。

肿瘤，好几年了。朋友笑笑说，其实这才是我来这里种苹果的原因。当初，得知她患上肿瘤，我们俩相拥哭了整整一夜。然后，早晨时候，我问她，想不想找个果园待上几年？像董永和七仙女或者牛郎和织女那样，你挑水来我浇园。她说，想啊。就来了。当时，我们想，假如这真的是她生命里的最后时光，那么，我与她安安静静地待上几年，也算少了些遗憾……你知道平安果吗？平安果，就是苹果。

现在，她的身体怎么样？我想我能理解朋友留下那一园老果树的做法了。

挺好啊！每隔一段时间，我就会与她下山，去医院检查。每一次，她的身体都会比上一次好。朋友笑着说，我不知道这是因为她喜欢吃苹果、因为这里的绿色蔬菜、因为这里的空气好，还是因为我们的爱情真得感动了上天。不管如何，我庆幸当初的选择。

平安果就是苹果。那天夜里，我一遍又一遍地在心里祝他们平安、健康、幸福。

我还知道除了"平安果"，苹果还有其他很多别名：奈子，超凡子，天然子，智慧果，联珠果，记忆果……但现在，我想，就为了这对果农夫妻，苹果还应该加上这样一个名字：幸福果。

想这人生，有美丽安静的田园，有不离不弃的爱人，有平淡相守的日子，便该是幸福的吧？

用你的肩膀行走

还是热恋时候吧，那时候，女人常常跟男人撒娇。在夜里，寂寥的大街上，女人会突然停下脚步，轻趴上男人的后背。女人说脚好痛，背背我吧……男人看看女人，笑笑，顺从地低下身子，让女人可以抱他更紧更稳。那时候多年轻啊！那时候，男人的下巴刚刚长出淡褐色的绒毛，女人的脸上还挂着红色的可爱的粉刺。一会儿女人说，可以了。男人说再背一会儿吧！女人说真的可以了，就往下跳。怕她摔倒，男人急忙将她放下。

女人如猫般小巧，却让男人流了汗又红了脸——这个时候的男孩都喜欢背着女孩吧？恋情像花苞一般美好——女人问你能一辈子都这样背着我吗？男人说当然，只要你需要……女人就开心地笑了。粒粒粉刺在月光下闪动着青春的光泽。

还是新婚时候吧，那时候，女人常常跟男人撒娇。在夜里，自家的门前，女人会突然停下脚步，轻趴上男人的后背。女人说楼梯好高哦，背背我吧……男人看看女人，笑笑，顺从地低下身子，让女人可以抱他更紧更稳。那时候多美好啊！那时候，他们在城市里有一栋属于自己的房子，他们在人世间有一份属于自己的爱与牵挂。

家住七楼，每爬一层，女人就说，可以了。男人说再背一会儿吧！最多到第三层，女人说真的可以了，笑着往下跳。怕她摔倒，男人慌忙将她放下。女人如猫般妩媚，让流着汗的男人更像男人——这时候的男人都喜欢背着女人吧？爱情如花儿一般绽放——女人问你愿意一辈子都这样背着我吗？男人说当然，只要你需要……女人就开心地笑了。顺着楼梯往上走，女人把柔软小巧的手，偷偷塞进男人温暖的手心。

然后，女人就发生了意外。

是婚后第十七个年头吧，那时候，他们的儿子刚刚读到大学。在黄昏，男人将体形臃肿的女人从七楼背到一楼，背到小区花园的长椅上，再返身，从一楼爬到七楼，扛了她的轮椅，再从七楼下到一楼，将轮椅摆牢，然后，小心地将女人抱上轮椅，推她到不远处的小树林，看即逝的灿烂晚霞；一会儿，他们沿原路回去，在门前停下，男人背起女人，从一楼爬到七楼，进屋，将她抱到床上，再返身，从七楼下到一楼，扛起轮椅，再从一楼爬到七楼，再进屋，轮椅扛到客厅，放牢，然后，小心地将女人抱上轮椅。男人大汗淋漓，气喘吁吁。对现在的他来说，这样的强度并不轻松。

因为，他已经不再年轻。

当然，女人是拒绝男人背她下楼的。她说我在家里就行，不是还有窗子吗？男人说你会闷的。女人说不，我不闷。女人不闷吗？也许不闷。可是男人必须履行自己的诺言。男人说过，我愿意背你一辈子。说这句话的时候，其实男人和女人并不理解这句话的意思。那时，初恋时，热恋时，新婚时，他知道，当他背起女人，更多地，不过是一种做派，一种爱情的外在表达。

　　那时的女人，其实，并非真的需要他的肩膀、他的后背。可是现在不一样，现在，他知道，女人真的需要他。女人的故作轻松，女人的温柔拒绝，更多时，只是对他的心痛，对他的关心和爱。他确信无疑，他的肩膀，现在对女人来说，其实，就是她的行走，是她唯一的行走。女人的行走，只能够依靠他的肩膀。

　　是的，他背起女人，走漫长的路，不再是做派。真正的爱情，不需要外在的表达，只需要内心的坚守。真正的爱情，你知，我知，两个人永远地一起行走，两个人永远地相依为命，足够了。

　　可是，当有一天，当你老去，当你背不动我，你会怎么办呢？女人笑着问他。

　　我会拥着你，静静地坐在窗前。我们一起看落日黄昏，一起回忆从前。——虽然我们同时停下脚步，可是爱情还在，爱情还在行走，爱情之河还在流淌。我坚信，我们将会一起度过生命里最美好的一段时光，不留任何遗憾。男人拥着女人的肩，轻轻地说。

那个夏天的爱情

我知道她听施特劳斯，吃肯德基，喝巴西现磨，穿着得体的灰色套裙在写字楼里自在地忙碌。但那只是以前。后来，她与我相恋，这一切便消失了。

记得是 1997 年。那一年，我开始了自己所谓的事业，她跟着我，义无反顾。那个夏天来得特别早，花儿染得整个城市彤红。我们住在市郊，一个属于非法建筑的小屋，四壁透风。那是我们暂时的家。

为了省钱，每天我们步行至市区的店铺，中午买两份一块五毛钱一碗的粉皮，晚上再步行回来，累得骨头散架。好像，整整一年，都是那样熬过来的。

那是一段艰苦和心酸的日子。那时，事业是我的图腾，爱情是她的信仰。那是支撑我们没有倒下去的全部。

有一次，记得很晚了，我们步行至临时的家，她坐在床沿洗脚，我去房东那里讨开水泡面。当我提着暖水瓶返回时，我发现，她已经睡着了。

她保持着一种疲劳至极的姿势，两只脚仍在洗脚盆里泡着，人却已斜倒在床上。她的身体压着自己的一只胳膊，于是，有了轻微的鼾。

我轻轻地走过去，想翻动一下她的身躯，让她睡得更舒服一些。我盯着她的脸，那是一张年轻美丽的脸，此时却写满了疲惫。

在这张脸上，我发现一只蚊子。

那个夏天，城市像个巨大的蒸笼，为了省钱，我们一天天向后推迟着买蚊帐的时间。我知道屋里到处都是蚊子，但我好似感觉不到。那样劳累的身体，睡下了，别说蚊子，切下一块肉来，我都怀疑自己能不能醒来。

蚊子趴在她的额头，贪婪地吸食着她的鲜血。她睡得香，毫无察觉，也许正做着些生意好转的梦。心猛地抽搐一下，伸出手，挥动着，蚊子却吸得高兴，对我的恐吓并不理睬。想用手拍死它，手扬着，却不忍拍下去。我怕惊醒了她——她已经那样疲惫。

我与她之间，有一只蚊子。一只弱小的蚊子，此刻正对她实施着伤害。我站在那里，就那样扬着手，愣着，矛盾着，心焦着，看蚊子的腹部慢慢地凸起，那紫红色的腹部，装满了她的血。我与蚊子对峙了几秒钟，蚊子将我打败。突然间，我对自己产生出一种深深的厌恶。

你有过类似的经历吗？仅仅是一只蚊虫在伤害着你的恋人，你在旁边看着，心如刀绞，却无能为力。你有过那种感觉吗？

在某个夏天的夜晚，我站在那里。那是一种极端亏欠的感觉。对她，对爱情。

蚊子飞走了，也许还打了一个饱嗝。我想，也许此时，它的恋人也在焦急地期待它的归去。我原谅了蚊子，却不能够原谅自己。

白天经过一个小摊，我注意到一个粉色蚊帐的标签：16元。这16元在当时，可以做许多事。可是我想，我还是忽略了一些本不该忽略的东西。

那天我一夜没睡，我拿着一个硬纸板挥动着，像一名士兵，不再让蚊虫靠近她的身体。我成了她临时的蚊帐。后来她醒了，醒后的她盯着我看，十分钟后，我突然发现她泪流满面。

第二天，小屋里挂上了粉色的蚊帐。挂蚊帐时，我们一直没有说话。我是把蚊帐当成礼物送给她的，但我没说。我觉得那像一朵盛开的玫瑰。这算是爱情的补偿。但我觉得，其实什么也补偿不了。

其实那天，也是她的生日。

后来我抽烟时，把蚊帐烧出一个洞，我希望乘虚而入的蚊子们叮咬的是我的身体。

再后来，有一段时间，我有了16万，或者说我们有了16万，我们买了很多东西，却没有再买一只蚊帐。我们已经不再需要蚊帐了，装修严密的房间，已经飞不进一只蚊虫。

可是，我总觉得，这些钱，这些东西，远不如那个曾经16元钱的蚊帐对她有价值，或者说，对我们的爱情有价值。

那个夏天过去了，我们的爱更深更浓了。

穷爱情

认识一位女孩，多年以来，一直周旋在两个男孩之间。不是她有意脚踩两条船，而是实在拿不定主意。两个男孩，一样帅气，一样年轻，一样文质彬彬，一样对她呵护有加。唯一的不同之处，两个男孩，一个穷，一个富。

穷或富与他们无关，有关的是他们的家庭。可是，在那样的年龄，纵是那个贫穷者再努力，也无法短时间内改变自己的处境。三个人展开马拉松式的恋情，女孩的婚事一拖再拖，似乎永远没有尽头。

可是前几天，突然听她说，她要结婚了。问她最终选择了谁，她告诉我，是家庭富有的那个男孩。

我撇撇嘴。似乎，她终究还是未能免俗。

可是结婚以后，我们与他的家庭似乎再无关系了。女孩这样对我说。原来，男孩的父母一直不同意他的选择，他们威胁他说，如果他最终娶了女孩，那么，他们什么也不会给

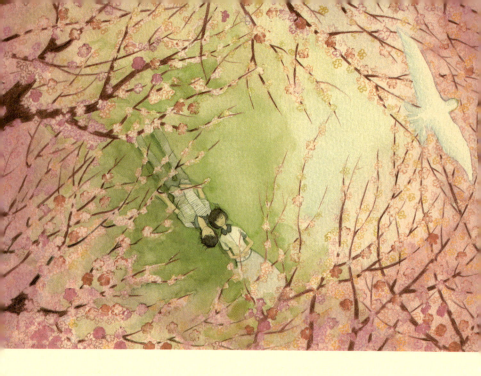

他。换句话说，只要他们结婚，男孩就变成了穷光蛋，他不能够从家里得到一分钱。对他们新的家庭来说，那是真正的白手起家。

所以现在，女孩笑着说，他也变成了地地道道的穷人。

问她，既然现在两个男孩一样穷，那为什么不选择本来就很穷的那个男孩呢？我知道在这之前，尽管女孩一直做着两难选择，可是，似乎她对那个穷男孩更有好感。

你想啊！女孩说，一个男人肯为一个女人、肯为爱情放弃他所有的优越而毫无怨言，如果连这样的男人都不去爱，这世上还有值得爱的男人吗？

原来是这样啊！女孩的话，虽然稍有偏颇，却也不无道理。——同样是贫穷，但后者是自己选择了贫穷，所以更能够征服人心。

还认识这样一对夫妻，男人下岗在家，女人守在农贸市场上卖菜。一段时间以后，男人在女人身边加了一个菜摊，两个人早起晚归，也算有了一份勉强可以糊口的营生。本想他们会一直这样打拼下去，生活也会变得越来越好，可是前几天，那位女人突然说，他们打算离婚了。

我吃了一惊，这么多苦日子都熬过了，为什么突然要离婚？

因为他穷，女人说。

你们不是一直都很穷吗？女人的话，让我更加不解。

生活上穷一些，并不可怕。可怕的是，穷磨去了他的上进心。女人说，近半年来，几乎每一天，他都是无所事事，躲在家里喝闷酒，睡觉，唉声叹气。他已经好多天没有去过农贸市场卖菜了……以前，他只是物质上的贫穷，而现在，他连精神都变得一贫如洗了……这样的男人，还值得我交付一辈子吗？

那天我没有劝她。我当然希望他们和好如初，可是这需要一个前提，那就是，她的男人能够重新振作起来。否则，依现在的情况，这样的爱情，这样的婚姻，注定不可能长久。

更或许，结束这段贫穷的婚姻，对女人来说，也是一种解脱吧。

穷人的爱情，一贫如洗的爱情，吃糠咽菜的爱情，并不值得大书特书，更不值得高唱颂歌。然而，几乎可以肯定的是，如果两个人风雨同舟，如果两个人都在为着改变目前的处境而努力，而去关心对方、体贴对方，那么，即使这样的穷爱情，也注定会地老天荒吧？

婚姻之伞

甚至记不清因为什么拌嘴。好像男人把水壶放到灶上，不经意说了句"水壶怎么没擦干净？"，正看电视的女人顺嘴嘟囔一句"嫌不干净你怎么不擦？"，好像男人又接了一句什么，好像女人再接了一句什么，于是，两个人就开始了小的不愉快。大吵大闹当然是不会的，可是两个人各坐沙发一端，谁也不再理谁。气氛变得怪模怪样，两个人眼神相碰，表情都疙疙瘩瘩。女人撅起了嘴，男人的香烟就像燃烧的焊条。

睡觉时仍然互不理睬。两个人背靠着背，女人睡不着，男人却把呼噜打得震天响。女人偷偷踹他两脚，呼噜声非但没有停止，反而更加厉害。——男人是没有良心的，他永远不会顾忌女人的感受。女人这样想。

第二天，下雨了。

雨不大。春天的雨，淅淅沥沥，仔细地将城市一点一点打湿。床上的女人听到男人在客厅里吃饼干、喝牛奶、打电话、给君子兰浇水……她想她也许应该起床，为男人煎两个鸡蛋，榨一杯豆汁。可是那一天，她终未起来。她想起黄昏时男人的抱怨，想起深夜里男人震天的呼噜。女人暗骂，真是个没有良心的啊。

男人出门一个小时，女人整装待发。这时她看见斜倚在鞋柜上的伞。伞闭着，不锈钢伞柄闪闪发亮，图案精美的伞面合拢成含苞待放的花儿。女人愣了一下，轻轻笑了。——那是男人为她准备的伞，为她留下的伞。她轻轻拿起那把伞，带上门，轻步走下楼梯。伞花开放在绵绵细雨里，为女人遮挡出一片干燥舒适的空间。

可是女人知道，今天上班的途中，男人的头顶上，将不会有一把遮雨的伞。

家里本来有两把伞的。一模一样的两把伞，就像一对恩爱的夫妻。可是半个月以前，其中一把伞坏掉了。那把伞他们用了很多年，伞面褪掉颜色，伞骨变得弯曲。记得那天刮了很大的风，男人撑着伞，女人跟在旁边，只一个瞬间，大风就将伞撕开一条狰狞的口子。那天女人是跟在男人身后回到家的，男人耸耸肩膀，说，多多少少，我总可以为你挡点风。

其实更多时候，男人是一个绅士吧。女人想，一个绅士，首先是对自己的家人好。

打着伞，行走在雨中，女人有了小小的感动。她给男人拨一个电话，问你到公司了吗？男人说我早到了。女人问你是淋着雨去的？男人说我打了出租车。女人就笑了。她说你净骗人。她当然不信。节俭的男人似乎从来没有打过出租车。

即使乘坐公共汽车，他也会避开那种带"K"字的多花一元钱的。女人可以想象男人湿着身子上车，又湿着身子穿过一条街，走进办公室。男人身体并不好，感冒之类的小病，并不会因为男人是一个绅士就避开他。

女人便心疼了。女人说等到中午时候，你去附近超市再买一把雨伞吧……往后，雨该多起来了。男人说你不生气了？女人说我生什么气？男人说水壶啊！为一只水壶生气，为一句话生气。还有，我知道，夜里你偷偷踹过我两脚……女人说去你的！她撅了嘴，瞪了瞪电话，似乎瞪着的是她的男人。

晚上回家，自然，男人是擎一把伞的。不过那不是他买的伞。那是女人的伞，他们的伞，他们的唯一的伞。女人怕男人忘事，下班时候，特意去了男人的公司——果然，男人早将买伞的事情忘得一干二净。好像世界上没有哪个男人会把一把伞当成一回事，把一点小雨当成一回事，把自己淋湿的身体当成一回事——女人站在男人公司门口等着她的男人，浅笑着，将伞撑成一朵美丽的花儿。

花下，两个人慢慢往回走。那天他们既没有打车，也没有坐公交车，两个人走在雨中，牵着手，头靠得很近。多长时间没有这样一起在小雨里走一走了？女人突然想，得感谢这场雨呢。

得感谢这场雨呢。女人说。

是得感谢这场雨。男人笑着说，如果没有这场雨，说不定你还在生着我的气呢。

女人笑了笑，没说话。

婚姻里的诸多事情，都是这样吧？即便有了小的不顺心，温情和关爱也该是婚姻的主题。平淡时光中，琐碎日子里，一个人做不了太多，充其量，只能给对方留一把遮风挡雨的伞。

其实，这便足够了吧？

不能省掉一句话

记得还在热恋时候，每一次，夜里，男人送女人回去，女人都会站在窗口目送男人从她的视线里消失。然后女人开始卸妆，洗漱，对着镜子长久地发呆。往往做完这些，男人仍然没有打电话过来，女人就等着，一边无聊地翻看床头的杂志。

男人终于把电话打过来了，说，我到了。女人就笑了。她就等着这一句话，有了这句话，她才能够安心地睡去，才能够睡得香甜。想想很有意思，究竟是男人送她，还是她送男人？可是每一次，她都要等到那句话心里才踏实。

婚后回想那段时光，女人常笑那时的傻。为什么一定要等到那句话呢？——那么短的一段路，那么健壮高大的男人。婚后，同一个屋檐，女人再也没有机会让男人送她，却不是那么留恋了。偶尔，男人出差在外，到了宾馆，住下，仍然第一时间打电话回来，对女人说，我到了。女人笑。有必要吗？又不是头一次出差，他又不是小孩子。更何况，他们又不是初恋或者热恋。

那次男人出差，去一个很偏僻的县城下面的一个小镇。恰是双休日，女人待在家里做家务。男人是周六走的，他说下了飞机还得转乘长途汽车，然后，可能会搭乘一辆三轮，等到了宾馆再给她打电话。可是星期六一天过去，男人的电话仍然没有打来。女人终于有些坐不住了，她拨电话给男人，她听到手机无法接通的提示音。再拨，仍然无法接通。女人的心慌起来了，认识这么多年，似乎这是男人第一次彻底从她的视线里消失。那天女人彻夜未眠，她想男人早该上了公共汽车吧？早该搭上三轮车了吧？早该在宾馆里住下了吧？每隔一个小时，她就会给男人拨一个电话，可是电话那端毫无动静。

这时，她才感觉出那句"我到了"有多么重要。等来，她的心是踏实的；等不来，她的心没有着落。

第二天清晨，女人把电话打到机场，对方说男人的那趟航班安全抵达；又把电话打到汽车站，那边说，前面好像翻了车。翻了车？女人慌张起来，是到某县的么？那边说就是到某县的，大水把石桥冲垮，汽车栽了进去。女人问死伤呢？那边说暂时不清楚，不过有伤亡是肯定的……救援人员已经到了，部分伤员已经被送进医院……

六神无主的女人哭起来了。这里距某县几千里之遥，否则的话，女人想她也许会毫不犹豫地跑过去。她攥着电话的手抖个不停，她想难道她的男人已经出事了么？想到临走以前，她还为一件小事同男人闹了别扭，女人更是不能够原谅自己了。

　　她想如果不是因为闹别扭的话，男人也许会多在家里待上一天，那样的话，他就不会坐上那个航班更不会坐上那趟长途汽车。女人挂断电话，再拨男人手机，仍然无法接通。女人几乎崩溃，她瘫倒在沙发上，紧咬着自己的唇。男人真的不在了，她一边哭一边想，不然的话，他的电话为何总是无法接通？他又为什么不打一个电话回来？正在此时，电话突然疯了似的叫，女人冲过去，一个陌生的电话号码。女人抓起电话，紧张地问，是你吗？男人说是我，我到了。女人说真是你么？男人说是我，我到了。女人说，可是……真的是你吗？男人说，你怎么了？

　　你的电话为什么总是无法接通？

　　汽车在大山里绕来绕去，没有信号……

　　可是汽车站说出了车祸……

　　是出了车祸。不过是前面一班。

　　你没事吧？你知不知道我有多担心你？女人说，如果你再不打电话回来，我想我会疯掉……

　　男人笑了。他说现在我很好，我已经到了，住了下来。现在，你可以放心了。

　　其实，男人乘坐的那班长途汽车真的出了车祸，只不过男人毫发无损。男人也一直想给女人打个电话报个平安，只不过他的电话无法拨出去。男人知道女人会替他担心，因为，一句报平安的话，早不是初恋或者热恋时甜言蜜语的爱意表达，而是夫妻之间真正的成熟的彼此的刻骨牵挂——你牵挂我的平安，我牵挂你的心安。

爱情需要不断刷新

婚姻中有一种状态比吵架更可怕，那就是冷漠。还有什么比冷漠更令人心悸的呢？两个人依旧在一张餐桌上吃饭，依旧在一张床上睡觉，可心离得很远，摸不着边际。不知道对方在想什么，也不知道对方想要什么，不再关心彼此的事儿，甚至连吵架都懒得去做。那种漠视和冷落一直让人疼到心里。

不知道从什么时候开始，我和他就步入了这样一种状态。他在机关里工作，按时上下班，回到家里朝夕相对，渐渐视若无物。我也曾怀疑他是否在外面有了艳遇，静观其变，以为他会有什么具体的行动。但等了一段时间，终不见什么动静。

相对无言的时候越来越多。晚饭后，他看他的报纸和新闻，我上我的网，各据一方，大有老死不相往来的架势。心像是在沙漠中行走，面对越来越荒凉的境况却束手无策。

有一夜他回来很迟，因为喝多了酒，半夜里犯了旧疾，胃疼得受不了。他的老毛病每年都会犯几次，每次都是我送他去医院。路上，他紧紧地抓住我的手，像一个孩子似的，一路上都没有松开，额上的冷汗滴到我的手背上。我别过头去，眼睛渐渐濡湿，不忍看他被疼痛扭曲了的脸。

在医院里住了两天，稍微好了一点儿，他便让我回家取手机和记事本。他对工作的热情远远比对我更为热切。

回到家里，找到他每天带在身边的公文包，取出手机和记事本，又买了他喜欢吃的草莓。去医院的路上被人撞了一下，一包东西洒了一地。我看见躺在地上的记事本，打开的那一页上，刚好有我的名字，我愣住了。

我从来不动他的东西，包括从来不检查他的手机。这不是对自己过于自信，当然也没有敏感到一有个风吹草动就草木皆兵的程度。这种习惯不知道是好还是不好。他的记事本我就更不感兴趣了，淡蓝色的硬皮已经被磨得有些起毛和暗旧，翻开来，一页一页密密麻麻地记着每一天要做的事情，间或我的名字会在那些字里行间蹦出来，打得我的眼睛生疼。

我拿着记事本，沿着原路回到家中，坐下来一页一页地翻看其上的内容。除了结婚纪念日，我的生日都做了备注，他的上网密码是我的生日，他的银行卡的密码是我的生日，他的钱包里还是我那张我认为最丑的照片。

我忽然看不下去了。我真是天下最笨的女人，原来他一直在为婚姻做着种种的努力，而我以为他对我的漠然是因为不再爱，认为他的工作忙是搪塞我的借口。我从来没有反思过自己在婚姻中为爱情、为他做过哪些积极的投入。

　　我的手指抖得厉害，轻轻地把东西放回原处，眼泪抑不住落下来。长长的一生中，平淡的岁月里，两个人在一起，不可能永远是初恋那般热情似火，身体还有亚健康的时候呢，更何况婚姻？

　　上网的时候，我们常常会点"刷新"，以便更快地看到最新的内容。其实，爱情又何尝不是如此？生活就是如此，只有"刷新"之后才能看到漠然之下的激情。

　　其实那不是漠然，是岁月磨平彼此的棱角之后的一种默契。

爱情需要不断刷新　　119

烟火夫妻最美

结婚之后，她变成了一个恋家和热爱厨房的女人。下班回家了，门开了，她站在门里，头发散乱地用一根橡皮筋扎在脑后，穿着一件宽大的T恤，下身穿了一条花短裤，胸前围着脏兮兮的围裙，右手提着炒菜用的铲子，左手在围裙上来来回回地蹭。看着他，笑得没有分寸，露出嘴里两颗小龅牙，说："我是你美丽的小厨娘。"

从前他是那么喜欢看她笑，那两颗小龅牙，虽然不那么精致，可是他喜欢。现在看到她笑，竟然忍不住说，哪天找个好一点的牙医，把那两颗龅牙修一下，她听了，笑容一下子凝在嘴角。

夜里，闻着她身上的葱花味，他竟然有睡在厨房里的错觉。

从前的心头好，如今居然变成一块鸡肋，女人善变，男人也不例外。他开始喜欢在办公室里耽搁，下了班也不肯回家，因为公司里来了一个年轻漂亮的女孩，是公司新招的德语翻译，大方、能干、敬业，眸子里闪着职业女性那种特有的自信，给死气沉沉的办公室注入了新的活力。

女孩和他握手的时候，嫣然一笑，落落大方地说，请多关照！他的心"嘭嘭"跳了两下，那种久违的感觉令他心慌意乱。

像电视剧里的情节一般，他和女孩有了下文，相恋，同居！他回家急不可待地和妻提出离婚！妻虽然不同意，但阻止不了他出轨的脚步。

和女孩同居的日子，像万花筒里爆出的烟花，绚烂而美丽，美中不足的是女孩不喜欢下厨，也从来没有亲自下厨为他做过什么，她的身上没有葱花味，只有好闻的香水味。好在他并不在意她是否下厨，男人和女人在一起，并不是为了吃东西，而是因为相爱。

女孩喜欢他骑摩托车载她兜风，他喜欢女孩坐在他身后尖叫，刺激而新鲜。

有一次去郊外，一处悬崖上开满了金黄的野菊花，她怂恿他爬上去采花，为了博得心爱的女孩一笑，他真的爬了上去，结果摔下来，右膝骨折。拍片子，做 X 光透视，不停地换药，在医院里折腾了好长一段时间，终于吃厌了医院里的饭菜，忽然想起从前妻做的可乐鸡翅，但他不敢对女孩说，只说想吃女孩亲自下厨烧的菜，怕女孩不答应，加重了语气，说得很诱惑，没想到女孩答应得非常痛快，他开心地在女孩的脸蛋上捏了一下。

女孩回家做饭的时候，他趴在窗台上看外面的小鸟打架，目光渐渐落在街边行人的身上，一个女孩窈窕轻盈，穿着长靴，酒红的长发在风中张扬地飞，真的是她，他看着她走进了一家饭店，他盯着那家饭店进进出出的客人发呆，很久。

女孩回来，他笑着问她："你给我做了什么好吃的？"女孩笑着说："是可乐鸡翅，你尝尝。"他拿了一块放在嘴边，问她："是你亲自下厨做的吗？"女孩点头说是，笑着问好吃吗？他说好吃好吃，脸上笑着，心里却在流泪，因为她在骗他。

在斜阳下，他想了很多，想起从前每次下班回家，妻必定是在厨房里迎接他回家，做很多很多好吃的给他，他曾无比厌烦地吼，我找的是妻子，不是厨娘，你为什么就那么贪恋厨房呢？

想起从前的种种往事，他终于忍不住打电话给她："我想回家，你能来接我吗？"她犹豫了半天，在他快要放弃的时候，她答应了。

他高兴起来，竟然哼起了歌，想着那么久没见的她，会变成什么样子呢？会不会更邋遢了？

她来的时候，整个房间都靓了起来，她穿着精致的衣裙，高跟鞋，身上隐隐地逸出香水的淡香味，一如他初次见到她的样子，优雅、睿智，而不是他熟悉的炒菜炝锅的葱花味。

她接他回家，家里没有一丝烟火的气息，厨房的灶具上落了一层薄薄的灰尘，他伸手摸了一下，问她："你可以再为我做一次可乐鸡翅吗？"她答应了，看着她换掉高跟鞋，熟练地穿上围裙，起火，炝锅，20分钟之后端出一盘色香味俱佳的可乐鸡翅。

他终于明白，没有人天生愿意做饭，哪怕为自己。他离开的日子里，她必定没有为自己烧过一餐饭，只有为心爱的人，才会心甘情愿地忍受烟熏火燎。相爱的人在一起，过的是烟火生活，而他一直停留在风花雪月的表层，连他喜欢的那个女孩，其实亦不过是她从前的翻版，可是那个女孩不愿意为他下厨，怕下厨弄坏了十个手指上精致的蔻丹，怕被烟火熏成了黄脸婆。

　　活了半辈子，他终于明白了一个道理，那个肯为你下厨的人，那个肯为你忍受烟熏火燎的人，一定是最爱你的人，比如小时候的父母、长大后的妻子。没有经过柴米油盐的洗礼，再好的爱情也不过是空中楼阁。

刻在大山上的爱情音符

26岁那年，她的丈夫因病去世，她成了一个形单影只的女人，瞬间，生活的压力倾斜到一个年轻女人稚嫩的肩膀上。她领着两个孩子，过着举步维艰的拮据日子，生活变得暗淡和没有方向。

那一年，他才16岁，还是一个少年，他默默地承担起了照顾她和她的两个孩子的责任，担水、劈柴，凡是该男人做的体力活，都不在话下。他默不作声地做着这一切，给予她温暖和关爱，帮她撑起这个家。为了她，他放弃了许多机会，放弃了外面世界的诱惑，放弃了别的女人的追求，一直默默守在她身边。

因为他的出现，她的生活重新有了希望，有了阳光和笑声，她年轻的脸庞上多了妩媚和生动。四年后，他20岁时向她求婚，她毫不犹豫地拒绝了，她说："我是一个结了婚的女人，我的年龄比你大，而且有孩子，我不能拖累你。"

他的求婚，不但打破了她宁静的生活，也打破了整个村子的宁静。他比她小 10 岁，单身青年。她比他大 10 岁，死了男人的寡妇。爱的天平两端，无疑是不相称的。

在那个传统守旧的小村子里，他们相爱的行为招来了巨大的非议，口水、嘲笑、讥讽，像一个巨大的漩涡，让他们觉得透不过气来，世俗的力量有时候非常可怕，会打败一个人。

20 岁的男人苦思冥想多日，最后慎重地问女人："你愿意跟着我吗？"面对男人的恳求，女人最终还是点了点头。男人又问："一辈子都不后悔？"女人又点了点头。于是，男人做出了一个让世人震惊的决定，他带着女人到与世隔绝的深山老林里隐居，避开世俗流言，避开人间烟火，回归了刀耕火种的原始生活。

于是，一夜之间，小男人，大女人，以及女人的两个孩子，在村子里消失了。

上山后最初的日子里，他们食用从村子里带来的干粮果腹，后来靠挖野菜，食野果，过着贫寒的日子，忍饥挨冻，一点点开辟自己的爱情家园。

夫妻俩在山上选了一个向阳的山坡，建造了一处土屋用来遮风挡雨。饿了，在房前屋后开荒种田，渴了喝溪水，过着刀耕火种的原始生活。物质上的赤贫尚且能忍受，野兽的袭击也能防御，但是精神上的赤贫是最让人无法忍受的事情，因为他们想念山外面的亲人，想念山外面的世界，可是下山却没有路。

　　有一回，女人哭着问男人："是我拖累了你，看不见自己的父母亲人，你后悔了吧？"男人摇了摇头说："不后悔，我要为你修一条路，通向山外面，让你下山方便些。"

　　男人说到做到，他开始修路工程。农闲的时候，男人拿上铁钎、锤子之类的工具，在崎岖的山崖和千年古藤间，一凿一凿，开始了极其艰辛的修造爱情天路的工程，渴了喝泉水，饿了啃山芋。一双手磨出了血泡，破了落茧，一层一层，新陈积累，粗糙不堪。

　　女人抚摸着男人长了一层厚厚老茧的手，热泪长流，她心疼地说："咱不修了，修了路也没用，反正我也不出山，这一辈子我就跟着你，和你在一起我就知足了。"男人安慰她："就快修好了，我能行，你放心吧！修好了，你就可以下山了，到外面的世界看看，到村子里看看亲人。"

　　男人凭着惊天的毅力和对爱情的虔诚，修筑了一条通天的天路。因为是在悬崖峭壁上开凿的石阶，像天路一样，后来有人把这条路叫做"爱情天梯"。

　　这是一个真实的故事，发生在四川江津南部人迹罕至的深山中，一对普通的夫妻，把爱情刻在大山上，用爱情音符奏响了世间最美的音乐。

第四章

欲

语

还

休

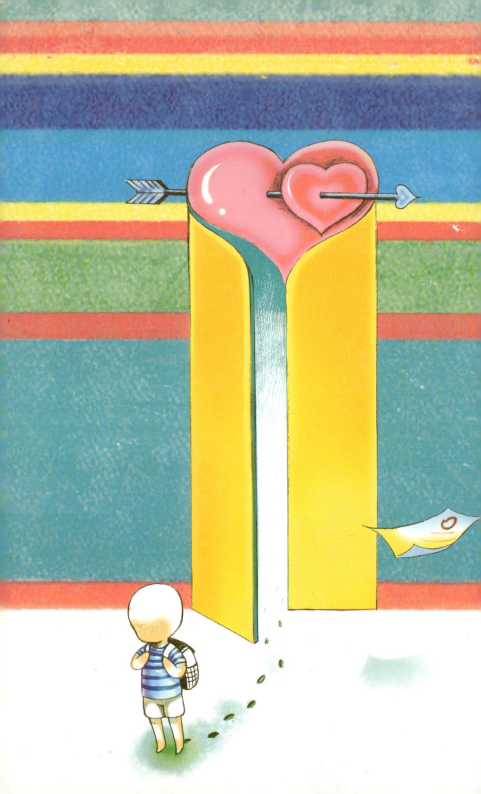

为别人砌几级台阶

她是在同学聚会上遇到他的。

小学到中学，他们一直是同学。那时候，他那么不起眼，瘦弱细小，一个弱不禁风的少年，像一颗丢在角落里的草芥，没有人把他当回事。几年没见，他变得成熟、儒雅、博学，是刚刚学成归国的医学博士，在一帮同学中间最出色。

她盯着他，忘记了淑女的风范，一直看得他手脚都没有地方放了。他有些不好意思地问："你是不是不认识我了？"

她的嘴角向上牵了牵，轻轻绽开笑靥："怎么会呢？我一直记得你，那时候你是班上最害羞的男生。我有一些私人问题想请教你，一会儿散了我们去喝茶。"

大家起哄说："现在只有你们俩还是单身，要好好谈谈啊！谈出结果，别忘了请我们大家吃糖喝酒。"

她的脸瞬间红了，笑着说："瞧瞧你们这些人，一点都不厚道。"她偷偷地看他，他并没有急赤白脸地反驳，她的心稍稍安了一点。

散场后，她带他去"半岛听涛"喝茶，轻酌浅谈，很适宜于怀旧。多年之后，她早已知道怎样把握一份感情。她问了几个医学方面浅显的问题，他逐一解答。其实司马昭之心路人皆知，她对他产生了好感，刻意给自己制造机会。出于礼貌和风度，喝完茶，他送她回家。

两个人抛却了中间一段空白时间，开始交往。作为答谢，她请他吃饭。没想到，餐桌上，他的吃相令人不敢恭维，像多少年没有吃饭的样子，喝汤喝得很大声，排骨用手拿着啃，吃鱼的时候竟然被刺扎着了喉咙，然后大咳不止，眼泪都流出来了。

她忘了喝已抵至唇边的清酒，呆呆地看着他，心中狐疑：就算时光再能改变一个人，也不可能把一个受过高等教育又留过学的人改造得这样鄙俗。她在心里安慰自己，男人是干大事业的，不拘小节也许不是什么大错。

他生日的时候，请她去家里吃饭，她很高兴，去他家里等同于一种承认吧！她特地买了名品时装，化了精致的妆容。她想，他的同事和朋友都是有识之士，她的衣饰品味要与他登对，顾及他的面子。

谁知道，她去了才知道他的客人只有她一个，盛装而至的她被他那狗窝一样的家弄得不知所措。房间乱得无处下脚，臭袜子东一只西一只，废报纸丢得到处都是，厨房的洗碗盆里有一大堆没洗的碗盘杯子，桌上的剩饭剩菜已经发出难闻的味道，洗手间里居然有女人用的香水和擦脸油。

她傻了，思维短路。饭没有吃完，就落荒而逃。

一年后，她和一个追她多年的男人结婚了，过得也很幸福。几个相熟的女友说，其实你老公这样的人才最称你，踏实稳重。她想一想，也对。

有一次，夫妻两个人慕名去一家酒店吃西餐。坐在酒店的大堂里，透过落地玻璃窗，她忽然看到他。

他的臂弯里挽着一个女子，往酒店的方向走来。路边一个小女孩眼巴巴地盯着卡在树上的气球，他蹲下身，和女孩说了几句话，然后脱掉外套开始爬树。他笨拙的动作很滑稽，但她笑不出来。

她的心有透不过气来的感觉，看着他和臂弯里的女子一起进了酒店，在大堂的另外一角坐定。她远远地注视着，只见他右手持刀，左手持叉，先用叉子把牛排按住，然后用刀切成小块，用叉子慢慢送入嘴内，动作娴熟优雅。喝汤的时候，用左手扶着盘沿，右手拿着匙舀，一勺一勺舀着喝，姿势标准，温文尔雅。

她忽然一下子明白了他当初的恶劣形象从何而来。他不爱她，又不忍心生硬地拒绝她，所以千方百计砌出一个个台阶，好让她安安稳稳踩着落地。

她回想当初他各种自毁形象的做派，鼻子一酸，又忍不住发笑。等她挽着老公的手出门时，一脚落在台阶上。她想，就算不爱，有人肯为她砌出这么几级台阶，也是好的。

通往幸福的那扇门

和妻子离婚以后，恢复了单身自由的时光，开始有热心人给他介绍女朋友。

第一次的相亲对象叫小安，在一家公司里做文案，有惊艳的感觉，人漂亮时尚，他不自觉地拿前妻跟小安相比，前妻实在太平庸了，扔在人堆里就无法分辨，不像小安，花朵一般艳丽，领着她去哪里，总会有一些目光追随左右，他的虚荣心得到极大的满足。

但是，很快他就发现一个端倪，自己的虚荣心是和钱包连在一起的，和小安一起去逛街，这个女孩花起钱来毫不手软，几千块的 LV 包，在他看来，奢侈到豪华的地步，是有钱人家的太太的专属，可是小安却眉头都不皱地刷卡，直到刷暴为止，不像前妻那么小家子气，买一瓶擦手油，都要看看是不是物有所值。

有一次，他让小安帮忙给乡下的父母汇点钱，小安欣然答应，可是并没有实际行动。问她，她说，最近手里有点紧。他有些不大高兴，我的工资卡不是一直在你手里吗？我是说用我的钱汇给父母，不是用你的钱，我最近有点忙，不过是让你代劳。

小安也不高兴了，说，你就知道钱钱钱，好像你挣了多少钱似的。这样不讲理的话，把他气得乱了阵脚，我挣得是不多，但也经不起你这么败家啊！除了挥霍你还能干什么？小安根本不理他的抢白，把东西收拾收拾，扬长而去，一段交往了三个月的感情就这样结束。

第二次相亲的女孩叫小柳，是一家外资企业的白领，部门经理，他看见她在公司主持会议的样子，能干，爽利，从不拖泥带水，条理清晰，下属部门都是大气不敢出的样子，唯她是命，最重要的是，她的年薪可观，从来不用他的钱，而且凡事都很有主见，不像前妻，只是图书馆的一个管理员，工资不多，事情不少，一天到晚，家里家外都是风风火火的样子。

和小柳在一起，凡事都不用他操心，大到买什么股票，小到在餐馆点什么菜，但小柳的脾气很坏。有一次，两个人在餐厅吃饭，小柳去晚了，他就自作主张地替小柳叫了一份有辣椒的菜，小柳一看就生气了，大声质问他，跟你说过多少次，我不吃辣椒，你这个人怎么这么主观啊？餐厅里的人都转过头来看他们，他很窘迫，忽然想起前妻，自己也曾这样，像训下属一样训过前妻，她的心里一定不好受。

时间越久，他们之间的问题越多，他清楚地知道，他们之间是不可能在一起的，所以，只能和平友好地分手。

第三次相亲的女孩叫小温，是保险公司的业务员，一个温情似水的女孩，不笑不说话，一笑露出一排整洁的小贝齿，非常可爱。不像前妻，凶巴巴的，天天管他，不许这样，不许那样，小温才懒得管他的闲事呢。他以为这一次找到了自己想要的幸福，所以任小温像小鸟依人一般栖在他的枝头。

　　有一次他出差回来，没有给小温打电话，想给她一个意外的惊喜，谁知道在她家门外与一个有款有型的男人不期而遇，小温支支吾吾地说是一个同学的哥哥。他觉得自己受到

了愚弄，二话没说，掉头而去。

最后一次，介绍人说，这次介绍的这个女孩一定要看，因为她和你的经历差不多，离过一次婚，没有孩子，一直单身，善良朴实。他本不想去的，有过失败的教训，他不想重蹈覆辙。可是经不住介绍人一而再的劝说，他就想应付了事。

在一家蛋糕房见到她，他就傻了眼，相亲的对象竟然是前妻，天意弄人啊！他正傻愣愣的，前妻一见是他，转身想走，情急之中，他从身后一把抱住她，他说，我知道错了，不该鸡蛋里面挑骨头，身在福中不知福，把咱们家的门打开一条缝，让我进去好吗？前妻慢慢转过身，脸上挂满泪水。

复婚之后，他想起了很多很多往事，前妻是有很多缺点，琐碎，唠叨，得理不让人，当他孩子一般的管束着，时不时地还会跑到乡下老家，找自己的母亲告黑状，让他添堵，可是这些都不是什么原则性的问题，爱他才会不舍得花钱，爱他才会忍受他的无名之火，也是因为爱他才会管束他。

幸福需要一个参照物，就像他在一段又一段的感情中，有了前妻这个参照物，才知道什么是幸福。漂亮的女孩奢侈无度，独立能干的女孩脾气大得吓人，温柔可人的女孩私生活却那么糟糕。当然，他也不是什么完人，更不能要求别人完美得无可挑剔，妻子纯朴善良爱自己，一心一意跟自己过日子，夫复何求呢？

通往幸福的那扇门其实一直是虚掩的，内心充满贪欲的人找不到那扇门，有完美情结的人也找不到那扇门，只有内心里充满爱的人，轻轻地推一下，就会打开那扇通往幸福的门。

吃饱了撑的才离家出走

刚结婚那会儿，我们经常吵架。有时候是为了一点芝麻大的小事儿，有时候什么都不为，说话时，说着、说着就吵架了，就生气了，常常吵架吵得莫名其妙，生气生得不明所以，但都是气鼓鼓的，然后各自转身，干不相干的事儿去了。

通常他会躲在书房里，半天不出来，我躺在床上唉声叹气，心吊在半空中，吃饭不香，睡觉不着，做事儿时不能专注，缝扣子时针会扎到手指，切菜时会切掉指甲。

想和他和好，想和他说话，这个念头兜转了几个来回，终于狠不下心，丢不开情面，惦着脚尖窥望、试探，想知道他是不是也有这样的意思，想知道他是不是也想和好，千回百转，只被这不能开口的疼折磨得寝食难安，生怕一开口，就被他看轻，生怕一说话，就丢掉自尊。那些像一根细线一样吊在心底的念头，如蝴蝶一样飞来飞去。

于是兜兜转转，来来回回，像两个孩子一般，分明红着眼睛，却赌气谁也不理谁。

终于有一天，他欣喜地冲进家门，拉住正在厨房做饭的我嚷嚷，我升职了，恭喜我吧！我丢下菜刀，问他，升职了是不是工资涨了？他点头说是，忽然想起我们还在冷战中，于是又冷下脸说，我请你吃饭，你去不去？我忍住不笑，说不吃白不吃。他说吃了也白吃，自己买单。

相视的瞬间，忍不住噗得一声都笑了出来。

和他坐在一家小餐厅里，各自说着道歉的话，那些话语兀自滚烫，冒着热气，转眼之间，因为一个不相干的人又争执起来，结果又吵架生气，我拂袖而去。

很多次吵架，都忘记了为什么，忘记了最初的起因和初衷，渐渐变得模糊不清，看不出轮廓。我以为他是不爱我的，和我在一起时，没有半分的忍让，只是一味地和我针尖对麦芒。

我忽然为自己不值起来，加上厌倦了吵架的日子，以为悄悄地离开是最好的方式。我没有告诉他，一个人跑去南方的一座小城，朋友在那儿办了一个小公司，要我过去帮忙。怕他找到我，我去了两个星期才给他打电话，告诉他我的行踪，他抱着电话，半天只说了一句话，在外面玩够了，不顺心了，或钱花光了，记得回家。

日子一下子静默下来，他不在身边，再也没有人在耳边啰嗦絮烦，但觉得像少了什么，晚上没有人跟你抢遥控器，一个人守着电视乱选频道，却一点都没有看进去。也没有人乱提建议，去哪家小店吃饭干净便宜，甚至吃什么，自己想去哪儿吃就去哪儿吃，想吃什么就吃什么，可不知道为什么，

吃饱了撑的才离家出走 137

偏偏就吃什么都不香，食不甘味。

　　这样的日子持续了好几个月，寂寞寥落，像一壶温吞水，永远烧不开似的，我知道症结出在哪儿，想吵架没有对手，想回家却丢不开情面。

一个人在那个不是家的家里，傻傻地想念他熬的八宝粥，想念他给我掖被角的样子，想念他的啰里啰嗦，甚至想念他生气时的样子。用被子蒙住脸，可是眼泪还是忍不住流下来。

隔壁的芳邻是一个老太太，她的丈夫前些日子去世了，她一个人形单影只，别说想吵架，就是说话也找不到人，一日偶然听到她对她养的宠物讲话，我像被人从头至尾浇了一瓢冷水，心中凄凉难抑，忽然意识到，能够吵架也是一种幸福，握在手里，为什么不知道珍惜呢？

死撑了一段时间，有一天中午，正对着电脑发呆，忽然有人喊我，说有人找，我伸长脖子从窗子看出去，他就站在楼下的树荫里，正擦额头上的汗呢。

我飞奔下楼，一下子扑进他的怀里，挥起拳头捶他，他急了，一把捂住我的嘴，央求说，小祖宗，这可是在你们公司楼下，别吵，想吵也得等到回家后。我撇着嘴，一下子哭了出来。他急了，说谁欺负你了，告诉我，我帮你收拾他。我说欺负我的那个人就是你，干吗到现在才来接我回家？

他忍不住笑出声，说，想吵架了吧？

我点头。吵架其实不过是我们尝试着沟通的一种方式，没有想象得那么可怕。在长长的一生中，那些吵架的日子，是生活最真实自然的底色，两个人在一起，难免会磕磕碰碰，不吵架了也就不爱了，谁会为不相干的人生气呢？

能够吵架是一种幸福，吵架亦如花开，慢慢绽开的时候，那是生活一点一滴剥离的真味。

等一个男孩成为恋人

一

她坐火车回学校，由于行李太多，整理起来很吃力，特别是那个沉重的旅行箱，怎么也塞不到床铺下面。这时，一双陌生的手伸过来，并对她说："我来帮你。"

她轻声道谢，等到旅行箱放稳妥了，她拿出随身听、杂志、零食，将自己舒舒服服地安排好，这才发现帮助自己的大男孩就坐在对面，津津有味地看着一本漫画书，脸上时不时露出开心的表情。

男孩纯真的笑容让她心动，她拿出零食和他分享，好奇地翻看那本漫画书。他们一起聊天，不由惊讶地感叹，世界真是太小了，原来不仅是同乡，还曾就读于同一所中学呢……

月光透过玻璃窗，静静地洒进来，他们聊到很晚，终于沉沉睡去。她醒来时，他刚好洗脸回来，车厢里飘着薄荷香皂的味道。看到她醒了，他细心地为她买来早餐。

她的行程还有一半儿时，他的校园所在的城市已经到了。她纠结了半天，在他下车之前，鼓起勇气要了他的电话号码。

二

此后的日子，她一直忘不了这个身高1.8米、笑容干净的男孩。她开始购买他喜欢的漫画，用他喜欢的薄荷香皂洗脸，在假期旅行时，特意选了他所在的城市，悄悄走进他的校园，只为感受和他在同一片蓝天下的感觉……

一切的暗恋，都悄悄藏在心底，因为女孩的矜持，也因为怕自己的热情吓着这个有些害羞的男孩。

火车上邂逅之后，她和他又见过两次面。

一次，她邀请他到自己所在的城市爬山，他玩得非常开心。他不知道的是，在他离开之后，她每个周末都去爬那座山，只买和他一起品尝过的那种牌子的冷饮，坐一坐他们一起休息过的那块石头。那次共同爬山的经历，被她无数次在脑海里回放，每一次都很甜蜜。

那年情人节，她和他都在老家过寒假。她做了许多手工的玫瑰花，邀请他一起卖花。节日的街头，不时走过手捧玫瑰花的情侣，他们的表情都很甜蜜。她被节日的气氛感染，也深深地沉浸在幸福中：此时，让她一见钟情的男孩，正站在身边，手里捧着火红的玫瑰，这是多么难得呀。

当他手里只剩下最后一支玫瑰时，她俏皮地伸过手来："把它送给我吧！"他愣了一下，笑着把玫瑰递给她："本来就是你的嘛。"他不知道的是，她亲手做的这支玫瑰，经过他的手送回来之后，就被她小心珍藏起来……

她不是没有想过表白，每次话到嘴边，又悄悄告诉自己：再等一等吧，也许现在还不是时候呢。她想将这份美好的情愫珍藏得再久一些。

三

一年之后，又是暑假，她和他手机聊天，提到一个城市，想邀他一起玩。他很快回复："听说那里风景不错，我正打算趁假期和女朋友一起去呢。"

"你，有女朋友了？"她问。

"是呀，都半年了。"他答。

"可是，我都喜欢你一年了……"她流着眼泪写下这句话，最终没有发送出去……

那年的暑假，她哪儿也没去，将自己关在房间里，把她和他相识的经过、对他的暗恋，变成130幅漫画，悄悄放到一家论坛上。她知道，她已经和他擦肩而过，只想用他最喜欢的方式，悄悄纪念这份一个人的爱情。

有人问她："没有及时表白，后悔吗？"

她沉默许久，说："我以为，好的爱情值得慢慢等，等到一个男孩可以成为恋人。"

是啊，他终于由男孩变成恋人，但不是她的。

等待太久，会辜负缘分。

东南西北都顺路

　　小米喜欢书法，她利用周末报了个培训班，每周都去上课。

　　那天下课时，外面飘起了细细的雨丝。小米喜欢下雨天，她慢慢地走入雨中，享受着雨中漫步的美好。

　　这时，一把雨伞"唰"地撑开了，小米抬头，看到一片紫色的天空，一个模样清秀的男孩正微笑地看着她。小米羞红了脸说："谢谢。"男孩说："不用客气，我正好也要往这边走，顺路呀。"

　　小米认识这个名字叫北北的男孩，他也在培训班学习。在这座生活节奏无比紧张的城市，学习书法的大多是中老年人，鲜有像小米和男孩这样的年轻人，从第一天上课开始，他们想不注意彼此都难。

　　小米不知道北北要去哪里，两人合撑着一把雨伞走了一段路，小米忽然停下脚步，笑着说："我就到这里，谢谢你！"

说完，她不等北北回答，快步走进路边的一家写字楼，消失得无影无踪。

北北站在原地愣了一会儿，然后收起雨伞，打了一辆出租车，向相反的方向驶去。小米躲在玻璃窗的后面，看着北北离开，然后才偷偷笑着走出来，继续独自在雨中漫步。因为长得漂亮，小米总会遇到以各种理由跟她搭讪的男孩，像北北这样说正好顺路，算是比较老套的借口了。

小米没有想到北北会对自己认真。从那个下雨天开始，每次下课之后，无论小米去哪里，北北都会紧紧跟在她后面，俏皮地吐出两个字："顺路。"

最开始是顺路一起走，然后顺便吃顿饭，接下来呢，小米和北北顺理成章地谈起了恋爱。偶然，他们也会闹些小别扭，小米生气了，不理北北，北北就会嬉皮笑脸地说："亲爱的小米，你要去哪里，我顺路呀。"小米就会"扑哧"一声笑，所有的烦恼都烟消云散，两人立刻和好如初。

有一天，外面又下起了雨，小米下班之后，信心十足地等在路边，她相信北北一定会来接自己，像往常无数次做过的那样。不料，时间一点点过去，北北没有来，还是没有来，小米终于沉不住气，她给北北打电话。北北却支支吾吾地说："单位有点急事要我出去处理一下，不顺路，今天不能去接你了……"

小米没有在意，她一个人走入雨中，回忆第一次和北北在雨中漫步的情景，心里仍然充满了甜蜜。

可是，从那以后，北北来接她的次数越来越少，他总是忙，有着各种不同的理由。

　　终于有一天，小米对北北说：“我搬到公司的宿舍里住了，你以后不用来接我了。”

　　北北的初恋女友从国外回来了，她好像很后悔当年和北北分手，对于这件事情，小米早就有所耳闻，她只是不愿意相信。直到那天，小米逛街时，无意中看到北北亲密地牵着一个女孩的手。原来，这就是所有“不再顺路”的理由。

　　一个人爱你时，想要送你回家，无论你往哪个方向走，东南西北都顺路。他还愿意陪你一起吃饭，酸甜苦辣都不挑剔。可是一个人不爱你了，所有的频率和方向都不对了。

　　小米不喜欢纠缠，她果断地删除了北北的电话，继续一个人走在回家的路上。她相信，总有一天，那个东南西北都顺路的他一定会出现。

这个冬天不太冷

和他的那场初恋，让她付出了惨重的代价。

老师的斥责，同学的嘲笑，让她的情绪陷入崩溃的低谷。父母为她办理了转学手续，可那样又能如何，她的成绩从此一落千丈，不到半年的时间，就彻底告别了校园。

16岁，去医院当护工。又瘦又小的人，裹在肥大的白大褂里，单薄得如同一粒豆芽菜。

20岁，去饭店当服务员，老板看她可怜，干活又勤奋，忍不住多加了些薪水，却惹得老板娘追着骂她是"狐狸精"。

23岁，终于有了一点积蓄。朋友说有一家两元店要转让，她急急忙忙付了款，却被骗得血本无归。

26岁，她又一次失业，四处找不到工作，终于遇到一位老乡，大姐一样热心肠，她跟着大姐走，却落入了传销的魔窟。

29岁，她和一起打工的男子结婚，尽管他比她大10岁，还曾两次离异。她累了，只想有个温暖而结实的肩膀。某日清晨醒来，他却席卷了出租屋里所有值钱的东西，带着隔壁店里的女孩私奔了，留给她的，只有不满一周岁的女儿。

后来，她学会了做煎饼果子，每天早出晚归，用赚来的钱来养活自己和女儿。有一次，有人看到，她被城管追得满街跑，三轮车上的东西散落一地，连鞋子都跑掉了一只……

一次偶然的邂逅，他从她当年的闺密口中了解到她悲惨的遭遇时，一颗心，如同刀割一般疼痛。当夜，他辗转难眠，思绪不由回到当年，那青葱一样的岁月。

那次，去同学家玩，遇到来借书的她。四目相对，彼此竟有电光火石般的感觉，恍然如梦。

彼时，他已经考入大学，而她刚刚跨入高中的门槛。在那样一个男女界限分明的年代，谈不上约会，他只不过在假期里给她送过两次书，就引起了轩然大波。

要转学了，离开前，她辗转托人捎来口信：要和他见一面，就在公园的湖边。他收拾妥当，准备出门时，却早被母亲窥出了端倪，一把无情的铁将军，让他变成了热锅上的蚂蚁。

他们失去了最后一次见面的机会。从此，各自天涯，再无消息。

有时候，回忆往事，感觉他和她之间的故事，仿佛是一场未来得及上演就已经匆匆结束的戏，在青春的岁月里，留下无尽的惆怅。他又岂能料到，这场过早夭折的初恋，居然给她带去了如此巨大的伤害。

其实，他过得也并不如意。多年前下岗，妻子病故，孩子大学毕业一直没找到工作，还在北京漂着。他为了维持生计，干脆给人当起了门卫，虽然薪水很低，但很安稳。

得知她的故事，他一夜未眠。第二天就请了假，坐上火车，跨越千山万水，风尘仆仆来到她的城市。按照她那位闺密提供的地址，他终于找到她的家。

但，一切都和想象的不一样。

他等了很久，终于看到她下楼，模样还似当年，衣着却典雅大方。还有，她也并非孤单一人，走在旁边的他，魁梧英俊。他们边走边轻声说笑着，那么恩爱。

看到他的瞬间，她愣住了，旋即爽朗地大笑，拉着身边的他说："这是我多年前的朋友，当年，总是借给我学习资料，是个特别好的人……"

他们一起吃饭，他听她讲自己的故事，是完全不同的另一个版本：当年，她的确转了学，后来考上了一所不错的大学，毕业后当了公务员，遇到他，就嫁了。多年后，他拥有了自己的公司，而她则是他的好帮手，夫唱妇随，比翼齐飞……

那天，他喝醉了酒，说话有些语无伦次，却一直不停地笑。他终于明白，她的那位闺密，之所以这样"报复"他，全是因为他当年的那次失约。但是，他并不后悔跑这一趟，对他来说，她的岁月静好，比什么都好。

不知何时，城市上空飘起了雪花。纷纷扬扬，一如他们相识的那个冬季。

送他去火车站，男人去买烟，她微笑着和他握手，轻声说：珍重。

他答：珍重。

转身上车，他悄悄撕碎了衣袋里的另一张火车票：原本，他是要带她回去的……

　　火车启动的瞬间，他冲她挥手，忽然有温热的泪水悄悄滑落。坐在旁边的一位小伙子，热心地问："大伯，您怎么了？身体不舒服吗？"

　　他笑笑，却答非所问："这个冬天，不太冷。"

失踪的小美

苏阳本来可以有更加锦绣的前程，但他执意要到这个偏僻的小山村支教。山村很小，只有 20 多户人家。学校的隔壁，住着一个叫小美的少女。从苏阳来报到的那天开始，村支书就叮嘱小美，多照顾苏阳的生活。

小美没怎么上过学，只有小学毕业生的文化水平。她有着乌油油的大辫子，微微一笑，嘴角总有两个好看的小酒窝。素面朝天的她，一颦一笑，都那么淳朴自然。

苏阳的心，很快就被小美打动了。他喜欢在一天的忙碌结束之后，静静地躺在草地上，为小美讲述外面的世界。他还告诉她，自己之所以来这里，是为了逃婚。父亲是老板，他刚刚大学毕业，就被父亲安排到公司上班，并且以闪电般的速度让他去相亲，而那个脸上涂着厚厚脂粉的女孩，她的父亲正是苏阳父亲生意上的合作伙伴。

"我不愿意被别人安排我的人生，哪怕是父亲也不行。

那样，我岂不是成了玩偶？"苏阳愤愤地说着，忽然心血来潮，从箱子里拿出一本《玩偶之家》，兴冲冲地为小美读了起来。小美喜欢听苏阳说话，更喜欢听他读书。从认识他的那天开始，她就感觉周围的一切似乎都变了。

他们恋爱了。小美的母亲忧心忡忡地说："丫头，别傻了，他不属于这里，早晚会离开，等到那时，伤心的只能是你。"

"娘，他说喜欢这里的青山绿水，也喜欢我……一辈子也不会离开的。"小美痴痴地说。母亲叹息着，悄然转身离开。

那天黄昏，苏阳又一次为小美读书，然后无限憧憬地说："再过两年，我们就结婚。我要为你建一幢属于我们自己的小屋，在这青山绿水的地方相守一生。我们，还会生好几个可爱的孩子……"

不知怎么的，小美沉默了，她忽然想到：如果真的这样生活一辈子，那自己的命运和母亲又有什么区别呢？她也是生了好几个孩子，一生从未离开过山区……

"我还是想看看外面的世界，你带我去，好吗？"小美撒娇地说。苏阳摇摇头说："不，外面的世界虽然精彩，却非常复杂，它并不适合你这样淳朴的女孩。"

不久，暑假到了，苏阳说要回城一趟，买些东西回来，顺便回去探望一下父母和朋友。"你带我一起去，好吗？"小美无限期待地说。苏阳笑了笑，说："现在还不行，将来一定会的。乖乖等着，我会带礼物给你。"

一个月之后，苏阳回来了，小美却不见了。她的母亲说，在他离开之后不久，小美坚持也要进城，说是如果不看看外面的世界，这辈子活得太窝囊。

　　小美给苏阳留下了一封信，上面只有短短的一句话：“我不愿意被别人安排我的人生，哪怕是爱人也不行。那样，我岂不是成了玩偶？”

　　苏阳找了很多地方，始终都没有小美的踪影。山村成了伤心之地，他再也待不下去，终于回到灯红酒绿的城市，回到父亲的公司。

　　多年之后的一天，苏阳打开电视，忽然看到一组熟悉的镜头：那不是他曾支教过的小山村吗？随着画面的变化，镜头中出现了一个红衣女子，画外音里说：“她曾从山里走出去，拼搏多年之后，却又回来了。因为，她和自己的公司要一起努力，让山外面的人看到家乡最美的风景……”

　　那个红衣女子，不是别人，正是失踪的小美。

　　这时，妻子端了一盘水果过来，发现他神情不对，急忙问：“你怎么了？”

　　他站起来，轻声说：“外面起风了，是不是要下雨？”独自站在阳台，他忍了很久的泪水，终于悄然滑落。

假如爱是能够穿越的门

女人开了一家粥店，卖小米粥，也卖各种花样粥，还有茶叶蛋。

粥店的位置在老街，来喝粥的多是附近的居民，他们喜欢喝她熬的粥，因为她做粥用的米，全是精心挑选的好米，而且她舍得花时间，往往半夜就开始准备，挑米，淘米，煮水，顾客们睡眼惺忪地来到店里时，正好满屋粥香。

有人不止一次悄悄叹息："这家店的粥真好喝，可惜没有烧饼之类的面食，美中不足呀……"说完，看看女人忙碌的身影，忽然又不作声了。

不久，粥店的旁边又开了一家店，店里只有一个男人在忙活。不过，他不卖粥，只卖烧饼和油条。顾客们高兴起来，纷纷说："这下方便多了，可惜的是，两家店之间还隔着一堵墙，如果有一扇门就好了。"

女人听了这话，无动于衷。生意不忙了，男人却主动找到女人："不如，咱们跟房东商量一下，从中间打开一扇门，那样就方便多了……当然，主要是我借你卖粥的光，可以多卖一些烧饼和油条。"

女人不作声，过了好大一会儿，却忽然掉起了眼泪："你，这又是何苦呢？"男人慌了神："你要是不愿意，就当我没说过，别哭呀。你也知道，从小到大，我最怕的事情就是你流眼泪。""这几年，我的眼泪早就流干了。当初的事情，不怨你。现在，我也不想拖累你。我们各做各的生意吧。"女人抹了一把眼泪，转身又去淘米。男人低下头，唉声叹气地回去了。

当天晚上，女人已经躺下休息了，却听到隔壁传来男人吹笛子的声音。笛声忧伤缠绵，直听得她泪水涟涟。接下来的日子，男人天天吹笛子，女人天天听笛声。

终于有一天，女人主动来找男人："你，还是不要吹笛子了。"男人说："晚上睡不着，心里烦，吹吹笛子解闷儿。"女人问："你烦啥？"男人说："当初的事情，怪我。现在，你变成这样，也怪我。"

女人不说话，男人又说："当初怪我穷，出不起你娘提出的彩礼钱，只能眼睁睁地看你嫁给别人；现在，我还没有赚大钱的本事，你一个女人自己开这家店多不容易，我又帮不上你。"

"当初的事情不怪你，我娘本来就是嫌贫爱富，活生生拆散咱们，逼着我嫁给别人。后来，我出了车祸，左手残了，那人立刻撕破脸皮跟我离了婚；我不愿意回娘家，因为不想看嫂子的脸色吃饭，这才跑出来开了这家粥店。我不方便和面，不能卖烧饼油条，你来了之后，我的生意红火了不少，这不就是帮我了吗？至于别的事情，你就不要多想了，我不能拖累你。"女人红着眼圈说。

不久，男人回了一趟老家，再回来时，居然拄起了拐杖。女人大惊失色："你，这是怎么了？"男人大大咧咧地说："没啥，摔了一跤，骨折了，养养就好了。"男人并没有撒谎，他偶然听说有一种全自动的和面机，就想回家借点钱，帮女人买一台回来，那样，她的生意就会更好。没想到半路上他被一辆摩托车撞了，钱没借着，反倒摔成这样。

女人要忙着粥店的生意，还要忙着照顾男人，她很快就累瘦了。男人不忍心，悄悄锁了店门，一瘸一拐离开，想回老家去养伤。没想到，房东却追到了车站，并笑着说："你就在这里好好养身体吧，那些喝粥的顾客，还等着吃你做的烧饼，我还等着收你的房租呢。"

男人再回到店里时，看到几个工人正忙着，他们把两家店之间的墙打穿了，又新装了一扇门。

不管今晚有多痛苦，
我希望你能挺住

一

无论你选择读书也好，选择和一个人相爱也罢，有很多东西都是生命长河里的一部分。既然你已经登上船舶，想跨过生命的长河，那么不管是在学习、谈恋爱还是别的过程中，你都得坦然接受各种各样的挑战，以一种会熬、能熬的精神状态，既敢于直面现实生活，又勇于追求诗和远方。

还在我读高中时，我的同桌小虎会隔三岔五问我，胡识，你觉得今晚熬过去了，明天真的会好吗？

小虎的学习成绩很不稳定，所以每当他考试考了低分后，整个人就会表现出一副郁郁寡欢的样子。他很难过，需要找一个人倾诉内心的不快，便找到我，希望我能安慰一下他。

无论是在学习、工作，还是在生活中，我们都会竭尽全力把自己所理解的或是明白的道理说给那个人听，好像我们都挺擅长安慰或者治愈别人，却唯独在自己伤心难过的时候安抚不好自己的情绪，特别需要借助他人的双手来帮自己度过人生的每一次劫难。

比如，前一天我还信誓旦旦地告诉小虎，你一定要相信今晚熬过去了，明天真的会好。

小虎看了看我，然后点点头，他说，好。

第二天，小虎真的从昨天的伤痛里恢复了过来。

但奇怪的是，我今天不行了，四肢发软，脑袋空荡荡的，竟莫名其妙地感到难受，会无时无刻地质问自己，今天，我能熬得过去吗？

坦白讲，我心绪纷繁时，会不太相信某些话的治愈作用。因为那时候，我的学习成绩也不太好，考上好一点的大学几乎没啥希望，再加上我出身贫寒，长相又很难看，还没啥突出的能力。对于在今后成为爸爸妈妈喜欢的样子或是带他们过上好一点的生活，我也会时常感到迷茫、困惑。

我特别希望，有一天有个人能看出我内心的浮躁不安和痛不欲生，然后她也会像我铆足力气安慰别人一样鼓励我。

二

前段时间，有个女同学告诉我她的好朋友 C 小姐和相爱五年的男朋友分手了。

失了恋的 C 小姐在那个晚上特别难过。吃不下东西，睡不好觉，听不进道理，就是一个劲用被子蒙着头哭。

女同学问我有没有好的方法可以安抚好 C 小姐。

我回消息告诉女同学，除了让 C 小姐一直哭，好像真没有什么办法。

女同学说，那好吧，我陪着她哭。

我说，嗯。

第二天醒来，我收到一条女同学在凌晨三点发给我的消息。

她说，C小姐终于睡着了，这下放心多了。

我很开心。因为C小姐的失恋让我更加坚信辛夷坞在《致青春》里告诉我们的道理。她说，曾经我们都以为自己可以为爱情死，其实爱情死不了人，它只会在最疼的地方扎上一针，然后我们欲哭无泪，我们辗转反侧，我们久病成医，我们百炼成钢。

是的，失恋了，真的没有关系，大不了痛痛快快大哭或是大醉一场。人生中有那么多生离死别，艰难险阻，磕磕绊绊，这些东西都足够让我们灰心丧气，愁肠寸断，但也只是痛在一时，熬过了当天，明天就一定会好起来。

三

"我喜欢一个不会喜欢上自己的人已经好几年了，昨天听说她年底就要和别人结婚了。我今晚真得很难过，你能感受得到吗？"

在微信公众号后台刷到这条消息的时候，其实我能感同身受。

我也单恋一位姑娘快八年了。每当我感到透骨伤心，快熬不过去时，就有朋友劝我说，你真该把她忘了，然后重新开始自己的生活。可是不管我怎么用尽全力，她还是不能从我的脑海里彻底消失。

毕竟，在漫长的人生里，谁都有可能因为单恋一个人而不计成本，不分白天黑夜，就是一副坚不可摧、默默流泪的样子。

　　当然，也正是因为我们忘不了、放不下那么一个人，所以我们慢慢学会了宽慰和鼓励自己，能从无数个好像熬不过去的夜晚挺了过来，然后又继续为了变成更强大、更好的自己而越来越努力，越来越坚定。

　　这辈子我们都在熬，也最习惯并擅长做这么一个动作。熬过去了就是明天，熬不过去就会毁于一旦。但说实在的，我们还真不想也不忍心看自己熬不过去的样子，我们还是会希望未来能够顺顺利利，幸福美满。

　　所以，不管今天你有多么痛苦，我都相信你能够挺住。

你可以怀抱希望，但更应该付出努力

一

我认为当一群人对某个人或是某件事抱有很大的希望时，往往容易摔跤，也最让人觉得可惜，痛心。

我特别相信那些肯默默努力，坚持不懈去练习的人反而能够创造希望和奇迹，让人为之动容，倍受震撼或是鼓舞。

我们一定有过这样的经历。

在我们还在读书，还得隔三岔五接受测试时，有些学习成绩特别好的同学往往会在每次考试之前摇摇头，对我们这样的学渣说，我这几天没有好好复习，应该考不过你们吧。

我们这些学渣听完后都以为他说的是真的，很开心，觉得学霸都可以不去学习，那我们当然也可以多放松几天。

但等到最终结果出来时，我们的排名被那些学霸远远地甩到身后。

那种懵逼的感觉真让人觉得好心塞。

当然，这还不算疼。更令人难过的是，学霸永远都是学霸，他不但会在学习意志上使用障眼法，还会屡次俏皮地骗我们说，这次你很有希望超过我哦。

学霸最擅长给我们这群学渣希望，帮学渣树立信心，把学渣捧得很高，自己却偷偷学习，默默地努力，争取再创辉煌，打破纪录。

学渣很享受那种被学霸夸赞的感觉，每次都飘飘欲仙，以为自己很有希望逆袭，所幸把自己全盘托出交给运气或者希望，而不去好好奋斗，不再拼尽全力。

结果，考得越来越差，输得惨不忍睹。

我相信希望，也相信希望能够帮我们拾起信心，但我不相信希望能够让我们真正取得成功。因为希望只是一个美好的祝愿词，它只会停留在事物的表层，不会深入到事物的核心，就像运气一样，我们可以相信它有天会拥吻自己，但我们不能坐以待毙，只指望它能够帮助自己取得成功。

真正能让人觉得牢靠，并且可以取得成功的东西应该是，每个人的实际行动和执着努力。因为越努力，越幸运；越努力，越能提升希望值。

而这种努力往往又发生在别人看不到的时候或是摸不着的地方。因为它是暗暗的、悄无声息的，随时随地都有可能振奋人心。

二

我的好兄弟小郭曾经暗恋一位有男朋友的琳琳姑娘。

小郭说他特别喜欢琳琳姑娘，每次琳琳姑娘不开心他都能感觉得到，然后他就会在琳琳姑娘一个人的时候，悄悄地陪在琳琳姑娘的身边。

小郭会对琳琳姑娘唱歌，给琳琳姑娘讲笑话，还会认认真真地听琳琳姑娘的抱怨，给琳琳姑娘出谋划策。

有好几次，我都劝小郭还是放手好了。因为琳琳姑娘有男朋友，她是不会喜欢上小郭的。即使有很多时候，琳琳姑娘会给小郭和自己独处的机会，让小郭做自己的情感导师，我也不相信小郭能够感动琳琳姑娘。

我觉得琳琳姑娘会嫁给她的男朋友的概率为百分之九十九，而小郭能娶到琳琳姑娘的希望几乎为零。

但小郭死活也不肯放手。他说："喂，阿识学长，万一琳琳姑娘的男朋友不爱她，把她甩了呢？"

"阿识学长，万一琳琳姑娘失恋后，开始觉得我才是那个最爱她、对她最好的人呢？"

"阿识学长，你叫我放手不去深爱那么一个人，不再为她做那么一件特别有意义的事，你不觉得这很残忍吗？"

"阿识学长，我认为我死不放手的样子最好看。因为，我会哭，会笑，会得意，会失望……而不会像你这样，每天只是闷骚着。"

那时候，不管小郭怎么说服自己，说真的，我都替他感到心疼，认为他简直就是全天下最大的傻瓜。

在我心里，他们是不可能走到一起的。

但多少年后，琳琳姑娘真的被男朋友甩了。

琳琳姑娘失恋了。

小郭听到这个消息后，刚开始也有些难过，可慢慢地，他发现自己越来越开心，因为他终于可以比以前更爱琳琳姑娘了。

小郭开始给琳琳姑娘端茶倒水，当琳琳姑娘的专职司机，陪琳琳姑娘旅行，把自己的肩膀借给琳琳姑娘大声哭泣。

好像一个人最吸引人的地方，不是长得有多帅，多么有钱，多么善良，而是认认真真地爱一个可能不爱自己的人，并且发誓要追到她，要一辈子对她好，乖乖地听她的话。

三

几天前，我参加了小郭和琳琳姑娘的结婚典礼。

席间，琳琳姑娘对大伙说："其实我以前一点儿也不喜欢胡小郭，我以为我们只是一辈子的好朋友，不会是情人，更不可能会结婚，但突然有一天他就像一个美梦闯入我的夜晚，让我彻彻底底地陷入爱河。"

"原来我心里是有他的，而且他越来越占据着重要的位置。"

"另外，希望是多么一件好玩的东西。很久以前，那么多人看好我和那个男人，都希望我能和他结为连理。但多少年后，这个并不起眼的男生，看起来很糟糕并且没有希望的人，竟然会那么劳心费力地执着勇敢地陪伴我、保护我、疼爱我，让我又感觉希望像是在自己心里升温、蔓延。"

你可以怀抱希望，但更应该付出努力　　165

"所以，今天我决定嫁给这样一个男人。因为我彻彻底底地爱上了胡小郭！"

　　这世上有很多东西并不是不会改变，特别是一群人对一个人的希望值。当我们都看好他，相信他，把他举得很高很高，如果这个时候，他又不懂得适当拒绝，不能尽早从别人的称赞声里抽身离开，还沉醉在过去的繁华里，迟早有一天他会像被吹大的气球，胀得很疼，甚至粉身碎骨。

　　刘同在新书《向着光亮那方》里说，过去的事要过去，放不下的情要放下。翻过一页，才能书写另一页，这样，才能让人生慢慢变成一本书。事过境迁再阅读，才有往事繁花似锦，回忆温暖如初。向前不难，只要学会转弯。

　　那么，我多希望我们能够在别人对自己感到信心满满时，在别人认为我们最有潜力、最有希望时，还能不停地低着头默默地掌控好自己的方向盘，走好脚下的路。

　　因为真正踏实努力，能够感染人的人不是等着暴风雨过去，而是迎接暴风雨来临，甚至能够在暴风雨中跳舞。就像护玄在《特殊传说》里讲的这样，未来是可以改变的。就算是再怎么绝望，只要你愿意，什么事都能够随之改变。

　　嗯，我相信对一个人或是一件事所抱有的希望值也确实如此。你越乐观向上，就越能靠近曙光。你越拼命努力，就越有希望获得成功。相反的是，你越浮躁不安，就越倒霉透顶。你越随波逐流，就越容易受到周边事物的伤害。

　　你真正要做的是，坚持不懈地努力向上，为自己的人生创造无限多的可能。

第五章

谁堪共语

放不下，必受累

几个月前，我在微信朋友圈发了一条动态，大概意思是这样的：公元 2016 年 5 月 20 日，我会对喜欢的 X 姑娘告白，不管结局怎样，我都会欣然接受。因为我很喜欢她，真的。

动态一经发布，就引来不少好友的关注。他们表示会全力配合我，祝福我。其中，还有一个叫做野花姑娘的网友发私信告诉我，她说等到那天她也会像我一样铆足力气对喜欢的那个人告白。

我回复她说，真好。

一分钟后，这个叫野花姑娘的网友又发来消息问我，胡识同志，你喜欢那个女孩子多久了？

但我并没有回答，只是给她发了一连串可爱的表情。因为那个晚上，我满脑子都是 X 姑娘的幻影，还有酝酿了很久的台词。

我想野花姑娘一定会察觉到我对她的问题满不在乎而不

愿继续和我说话。可就在我准备关掉手机睡觉前，又收到一条来自野花姑娘的私信。

这次，她写了长达一千多字的文章告诉我她曾如何卖力地暗恋一位男生。

野花姑娘喜欢的男生有178cm的身高，喜欢穿白色衬衫，会打篮球，喜欢唱歌，笑起来的时候能让人感觉全世界都充满春天的味道，学校有很多女生喜欢他，送他情书。他叫猫先生。

有一次，野花姑娘在寝室和室友玩纸牌，输了的要被处罚。很不幸，那晚野花姑娘输掉了比赛。室友问她问题，她必须如实回答，否则这辈子嫁不出去。

"陈野花，你喜欢班上的哪个男生？"室友A说。

野花姑娘纠结了很长时间，最后吞吞吐吐地说，我喜欢猫先生。

接着就是整个寝室的作恶声，她们在嘲笑她。

野花姑娘当然不服气，拍着室友A的肩膀说："怎么？瞧不起老娘？"

室友A用手摸了摸野花姑娘的脑袋，说："陈野花，我也喜欢猫先生。"然后跳到床上又咯咯地笑起来。

从那以后，野花姑娘开始收集更多关于猫先生的东西。比如猫先生当纪律委员时朝她扔的粉笔头，丢在垃圾桶的草稿纸。当然，野花姑娘做这些事的时候都背着室友A。自从室友A知道野花姑娘一直保留着猫先生的草稿纸后，她就很少和野花姑娘说笑话，每天都忧心忡忡。

野花姑娘不想招惹室友A，因为野花姑娘知道室友A也

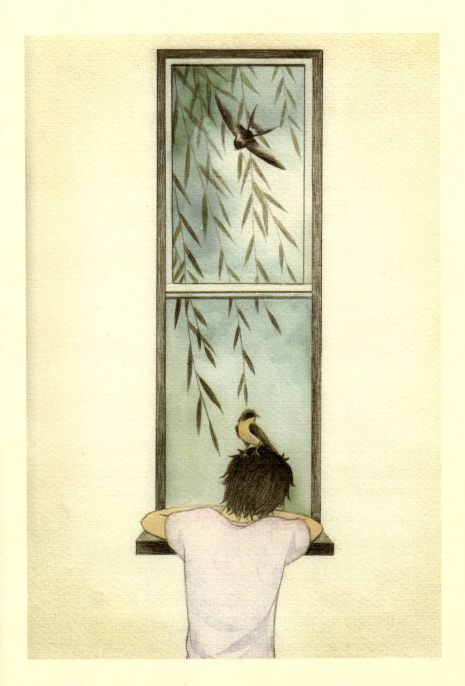

放不下，必受累　　171

喜欢猫先生。

那时候，野花姑娘一度怀疑猫先生的草稿纸有跟门神一样的辟邪作用，还是她见过的最好看的门神。上大二时，野花姑娘的学习成绩竟然冲进了全班第十名，猫先生一直都是第九名。

野花姑娘为了表达诚意，她决定晚上请猫先生吃哈根达斯冰激凌。可那晚猫先生非要野花姑娘顺便买一盒巧克力送给室友 A，猫先生说那天是室友 A 的生日，他记得室友 A 只喜欢吃那款奶白巧克力，他还要托野花姑娘带给室友 A 一封情书。

一想到这里，野花姑娘连忙往自己的嘴里塞剩下的几根哈根达斯。

那晚，野花姑娘拉了一夜的肚子，在厕所里发誓要放弃猫先生，但她并没有做到。

为了变成猫先生喜欢的样子，像室友 A 那样，野花姑娘开始节食减肥，美白化妆，学唱歌，学跳舞，买昂贵的衣服，结果猫先生还是在2014年的情人节拒绝了野花姑娘的表白，和室友 A 在一起了。

当然，野花姑娘对我说这些话的时候，其实我能感同身受，听后也闷闷不乐，因为我也曾为了能够让喜欢的 X 姑娘多看自己一眼而不惜花很多钱吃钙片，喝酸奶，每天都坚持做引体向上。

曾经不太喜欢做的事，不常听的歌却因为喜欢的这个人而在后来成为一种习惯，把它当作信仰。

这几个月，我每天都在给自己打气，我以为等到公元

2016 年 5 月 20 日会对 X 姑娘告白，我把台词默念了 999 遍。可惜这一天我莫名其妙地生病了，一个人躺在冰冷的床上竟然使不出一点力气。

人在生病的时候会变得萎靡不振，再加上我这个人本来就不太勇敢，面对喜欢的人也时常感到自卑，所以我也会像 H20 在文章《这就是单恋》里说的那样，在失去喜欢的她后，会觉得自己像是打了一场败仗，虽然在上战场前我摩拳擦掌，用尽力气和汗水就等着到时把对手一举拿下。被打败不算悲哀，至少我战斗了，虽败犹荣。最悲哀的是我花了那么多的时间和精力把自己练得多好多强大，我为自己的坚持感到骄傲，我被自己的努力感动了，结果跑到战场上一看竟然空无一人，我自以为的对手压根就没打算和我大干一场。

在我想对 X 姑娘表白的前两个小时，我刷朋友圈时看到 X 姑娘发了这么一条动态，大概意思是她在今天脱单了，对象是 H 先生。

在他们的合影里，我还看见 X 姑娘为 H 先生戴上了结婚戒指。

而那款银白色并镶嵌着绿宝石的戒指恰恰和我这天为 X 姑娘买的生日礼物一模一样。

H 先生曾是我的好朋友，他也知道 X 姑娘喜欢那款礼物。

很早的时候，我们选择表白，以为会有开始，就像放弃了喜欢的人后还会遇见更好的人，以为那只是一段感情而已，可到后来才明白，我们曾倾尽全力喜欢的那个人其实是一生。

你结婚以后，
才会过得很幸福

一

曾经你一直以为失恋后就再也不会遇到那样一个能让你牵肠挂肚，掏心掏肺，爱屋及乌的人。可多少年以后，当这样一个人、那么一些事被慢慢地遗忘在岁月的某个角落，并且你还学会了重新出发，越来越懂得疼爱自己，珍惜光阴，你倒是会渐渐明白，不那么重要的一个人幸好能在那样一个时刻趁早离开，彻底地消失在一片寂静的森林里。

当然，你也要特别感谢那样一位狩猎者，要不是当初他勇敢地闯入了你的领地，激起了你内心的波澜，教会你作出敢爱敢恨的决定，你也就不会拥有那样一段值得留念、刻骨铭心的爱恋。你也更不会在那样一段情感里拼命长大，学会把曾经的爱情融入未来的婚姻里。

你终将被生命中出现过的那些既熟悉又陌生的过客，训练成一位情比金坚、誓无二志的爱情狂徒。

你终将要牵着某个人的手步入婚姻的殿堂，出生入死。

你向诸神起誓要和她白头到老。

她会用痴迷的眼神告诉你，好！

二

1995 年，他们从两所不同的大学毕业来到北方的一个小山村从事支教工作。他教数学和体育，她教语文和画画。因为资源有限，学校便在一间空教室架起了两扇木板，左右边是他们各自的房间，中间是厨房。

刚开始，他们都对这种缺乏安全感的生活极为担忧。

她每晚都会做噩梦，然后尖叫，把他吓醒。接着，两个人都打开床灯，失眠。尤其每当刮大风下大雨时，他们的房间便会滴滴答答地漏水，还时不时发出一些惨重的"咯吱、咯吱"声，就好像踩着碎石子的豺狼要向他们扑来。

他们随时都有可能遭遇不幸，房子坍塌，突发洪涝、泥石流。有月亮的晚上，他们还得提防强盗。山里的强盗不仅劫财，碰到年轻的女老师还会劫色。山里的小张本来是一位年轻貌美的好老师，因为遭到强盗洗劫，就发了疯，惨得很。

他们曾想过要离开那里。可每天醒来后，他们几乎同步走进厨房取水。碍于男人面子，他会让她先洗漱。他站在她的身后，会简单地同她唠嗑几句。

"昨晚睡得还好吗？"

"昨晚我的房间又漏水了。"

"我猜你昨晚又做了噩梦。"

她一边洗漱一边回答着说："是啊，我的房间也漏水了。"

"我看见你房间的灯又在大半夜亮着。"

"昨晚你应该也睡得不怎么好吧？！"她转过头，他点了点头，接着两个人笑着对视。

三

总像是有很长一段时间，他们会被对方的酒窝所深深吸引。非要等到听见第一个孩子嚷嚷着喊："老师，老师，今天又是我来的最早哦……"他们才意识到要赶紧做饭，不然会来不及带领孩子们做早操。

他蹲在灶前，眼睛直勾勾地看着火，火势一旦有减弱的趋势，他就会拼命地往里加柴，然后问："火，大不大？饭，还有多久做好？"

她拿着锅铲，麻利地在锅里搅来拌去，脸上刷刷地冒出汗珠："马上就好，马上就好了，火再大点！"

他们在同一时间相遇，听着同一种声音，在同一个厨房做饭、聊天，冒着同样的生命危险，教着同样的孩子。他们难以舍弃这些弥足珍贵的东西去远走他乡，相忘于江湖。

时间会让两个对的人彼此爱上的。不久，他们习惯点着灯在半夜长谈。他们讨论孩子，他们互相聆听对方的心声，他们聊文学，聊往事。每次谈起自己的父母，她就会莫名其妙地哭起来，他会在另外一个房间安慰她，给她讲笑话。她的母亲在她小的时候，罹患乳腺癌去世了。父亲为了供她念书，几乎穷尽大半辈子，好不容易盼到女儿大学毕业，可她却义无反顾地献身于支教事业。父亲只好忍着说不出来的痛，默默地支持她。

禅解情缘

他说他会永远保护她。

2005年的那个中秋之夜，有两个歹徒闯进学校对他们行凶，为了保护她，他在和歹徒博弈时，被扎了几刀。住院的那几个晚上，他还是忘不了和她谈论孩子和教学，给她讲笑话，逗她开心。他说他一点也不碍事，叫她别哭，她还是一边喂他喝汤一边哗啦啦地流泪。

他实在忍不住了，从他第一次听到她的哭声，他就爱上她了。他咬了咬牙，爬起来，一把将她搂在怀里："可，不哭，我会永远保护你。我爱你！"

爱情是个魔法师，自从他对她说过这句话后，无论遇到多大的困难或是有多么不开心，只要一想到他，她真的就不再哭，无法想象的坚强。

2006年秋天，他们在学校简单地办了一场婚礼。学校的梧桐树叶大片大片地往下落，他们在梧桐树下，踩着软绵绵的树叶，足足吻了好几个小时。

那晚，连星星和月亮都羡慕他们。之后，他们生了一对龙凤胎。

四

可有些时候，老天爷也会嫉妒人世间的真爱。2012年春天，他们结婚6周年，很不幸，她同样因为罹患家族遗传性乳腺癌去了天堂。2003年，她唯一的姐姐也因为这种病离开了人世。

自从她离开他后，为了把孩子抚养成人，他离开了小山村，转而跑到大城市找了一份工作。他白天拼命地工作、挣钱，一副柱石之坚的样子。可晚上，尤其是刮大风下大雨时，他就会搂着妻子的遗像，在房间里哭得泣不可抑，一副哀毁骨立的模样。

他对我说他这几年没对任何人提及过他和她的故事。他之所以在列车上和我聊起这件事，是因为他看出了我的不开心。

2016 年，我第一次失恋。我自始至终都不知道她和我分手的原因。我试想过，不爱是分手最好的理由，但我说服不了自己。于是，我搭乘了这趟由北开往西南的列车，我想通过旅行忘了她，并且我告诉自己还有坐在我对面的他，我不会再相信爱情，痴情的人已经绝种。

但他摇了摇头，指着手中的酥梨说："这个东西，我的妻子特别喜欢吃。"然后，又示意让我看他手中的玫瑰："我要再送给我的妻子一束玫瑰，我很爱她。"

"哦，这里还有一颗梧桐树种子。我每年都会往她身边扔一颗，我希望它能长得像我，她需要我的保护。"

"这是我今年写下的旅行日记，我到过拉萨、德满都、黎巴嫩、圣托里尼、里昂等。我要念给她听，这些都是她最想去的城市。"

"今天是她去世的第 4 个祭奠日，我抽空又去陪她聊聊。"他说话的声音一点都不嘶哑，即便眼睛已经布满浑浊的泪珠。我想他一定还很爱很爱自己的妻子，就像他和她的爱情故事很长很长。

在贵阳居住的那段日子，我总能在公交车上或是菜市场碰到一对对白发苍苍的情侣，他搀扶着她，她挎着小篮子，两个人笑得特别烂漫，像是在谈论什么，虽然我听不懂，但我能猜得到他们一定是在说："给我们让座的这个小伙子真不错。瞧，老伴，今天的鸡蛋个真大啊。"

后来，每当我听说谁和谁分手了，然后就再也不相信爱情或是感觉每个和自己谈恋爱的人都在说谎，我就会想起我见过的他们。

因为他们，会让人更加坚信安妮宝贝在长篇小说《彼岸花》里所说的这样：在每个人的心里，其实是有爱情的，一直都有。

爱情不单单是婚姻，是誓言，是家庭，它也是一种气味，能引导人勇敢前行，向着幸福出发。

秋天的童话

一

在他 27 岁那年，我刚刚出生。

当我刚被护士小姐从产房的早产保温箱里抱出来的时候，第一次睁开眼的我就碰到了他深邃而平静的眼神，那双深不可测的眼睛里隐藏着一个男人太多太多的故事。他始终面无表情， 沉默的背后隐藏着一股不可忽视的力量。

他当时穿着黑色西服，打着黑色领带，与一群同样装扮的人守在医院的走廊里。那一身冷酷的黑让多年后的我时常会想到这样一句话：为什么黑西服黑领带黑眼镜仿佛是黑社会的制服，那是因为在刀锋上舐血的他们，随时都应该做好参加自己葬礼的准备。

是的，生在这样一个黑帮世家，我别无选择。

他叫武锟，那时的他只是这个黑帮世家里一个不起眼的小角色。

四十五街区的柯氏家族是东南亚地区最大的黑帮家族，它和意大利的黑手党与日本的山口组来往密切，是最让警方头痛的黑帮世家。柯氏家族最大的特点在于强烈的家族意识：永远不要站在家族之外跟家族作对，黑帮应有的组织原则不可亵渎。

他们最高的行为准则是维护传统的价值和家族利益，他们自喻为"最后的贵族"。他们尊重规范和程序，一旦选出首领，就努力维护帮主权威。

在我两岁那年，我终于看到了我的外祖父，一个暮气沉沉的老者。他太老了，说话已然有些口齿不清，却没人敢忽略他说出的每一个字，因为他是这个家族最大的掌舵者。

他的一生都是由酒精、雄性激素、肾上腺素和愤怒混合而成的，人们都说他是一个有着绅士风度的流氓。我的母亲是他与一个花店里卖花的良家妇女生下的，我的外祖母，那个像白纸一样纯洁而孱弱的女人被他软硬兼施地占为己有，所以庶出的母亲在这个家族里毫无地位。

这样的悲情故事在这个外表看起来有多耀眼内里就有多肮脏的柯氏家族里俯拾皆是，而我的父母是软弱的，他们从来不敢违抗外祖父的命令，他们只能向他们的命运低头。

生在这样一个钩心斗角的家族里，我不知道，这对我来说是幸还是不幸。

但也许我是幸运的，因为从小我就被当成小公主一样养，我的外祖父，那个表情阴郁的老者他对我还算有几分亲情，至少他看在血缘的面上还对我比较仁慈。

但是他越来越老了，尤其在他患了中风后，他的身体每

况愈下。为遵从民意，他将黑帮中所有的事务都交给了武锟暂时代理。也就是说在他死之后，武锟将是这个黑帮家族新的首领。

二

在我 5 岁那年，他 32 岁。

而在这一年，我的外祖父去世了。

外祖父的葬礼非常隆重，8 人抬的镀金棺材、百余辆豪华轿车的车队、清一色黑西服和红雨伞的送葬队伍、上万朵红白色康乃馨，如此隆重的私家葬礼在整个东南亚都是罕见的。

棺材里躺着的，是生前作恶多端的外祖父。

这个葬礼是由武锟精心筹划的。

整个四十五街区都弥漫着葬礼的特殊气氛，4 架直升机一大早便在殡仪馆上空盘旋。通往私家墓地圣约翰墓场的大道上空空荡荡，不少过街天桥和沿街大楼上都悬挂起外祖父的巨幅画像。

送葬车队一律黑色，每辆车上都顶着一个用鲜花扎成的花环，拼成外祖父生前喜欢的图案，有赛马、拳击手套以及女人的高跟鞋和艳丽的红唇。

在外祖父的墓碑前，我看到了武锟。他站在数百名穿着笔挺的黑西服、打着红雨伞的柯氏家族成员中，面无表情地为外祖父送葬。

母亲抱着我，在雨中号啕大哭，武锟向我们走来，将红雨伞遮在了我们的上空。

细雨连绵中，我看到了他那双深邃的眼，他对我的父母只说了这样的一句话：生活是这样美丽，我们永远都不要轻易放弃。

然后他向我的面颊凑过来轻轻地一吻，这个吻于他而言只是他对小辈一个祝福的吻，而于我而言，这一次的温柔足以让我的天地崩裂。我想，我就是在这一刻爱上他的，年幼的我早已具备了情窦初开的少女情怀。

然后，我眼睁睁地看到他又将一吻落在了他身后的一个女人身上，那个女人高贵优雅，戴着有纱网的帽子，那是他的太太。

三

在我 18 岁那年，他 45 岁。

在人人都说我出落得亭亭玉立时，母亲却开始为我的未来感到担忧。她担心我的美貌会给我带来麻烦，担心我会像其他年轻的家族成员一样沉迷于糜烂的夜生活与罪恶的白粉中，虽然柯氏家族就是靠这个发迹的。

但是我从来都不会让她操心，我像所有的大家闺秀一样安静、温婉、沉默，与这个喧嚣的世界和这个邪恶的家族格格不入。我知道武锟一向喜欢优雅安静的女子，就像他的太太那样。

我上英语课，参加芭蕾舞社团，学长笛和茶道，只为配得上他这样的男人。

他很绅士，也很强势。在外面，他是一个势力庞大的黑帮家族的领袖，冷酷、狡猾，对敌人毫不留情；在家里，他却是一个好丈夫，一个彬彬有礼的绅士，对家人关怀备至。

在每一次的家族聚会上，我得体的谈吐以及装扮都会引来家族成员们长久的夸赞，他也在其中，但是那目光里仅仅包含着对小一辈的欣赏与赞许，再无其他。

我很绝望，除了等待，似乎再无别的方法。也许这辈子我只能在漫长的等待中了却残生了，因为他对他的妻子一直很忠诚。

但是自从他的妻子在和他最得力的助手偷情被他发现后，他整个人都变了。那个男人被他用乱刀砍死，后又沉尸江心。而对那个女人，他还算留情，只是剃光了她的头发，把她逐出了家族。

然后在这之后，他的身边多出了各色浓妆艳抹的莺莺燕燕。

我像猫一样跟踪着他，惊疑于他的变化。

一次在照例的家族聚会后，在大家乘坐电梯纷纷离开，电梯里只剩下我和他时，他突然对我说：你这个年纪应该嫁人了，你父母为什么不给你找个人家？

我整个人懵了，大脑一片空白，不知道应该如何回答。

电梯门又关上了，在匀速上升。我们四目相对，本来平稳的空气却像电光火石一样在微妙地波动着。

在电梯上升的这短短十几秒钟，对我而言是漫长而折磨人的，难道他看不懂一个少女迷恋他的眼神？看不透她内心十几年如一日的爱慕与仰慕？是的，他看不懂，他的眼神里分明就有着疑惑与不解。

但是我要提醒他，无论如何，我要对得起自己这些年坚

守的无怨无悔的时光，我要给自己多情但追求无果的灵魂一个明确的交代，也不枉我这么多年来真真正正地为一个男人动过心。

于是，我勇敢地迎视着他困惑的目光，在他的唇边突兀地印下了沉默而长久的一吻。很显然，他惊悸了，也敏锐地察觉到了什么，但是他并没有推开我，而是任由这个来得毫无缘由的吻在他的唇边久久地发酵。

我承认，这个吻和在我 5 岁时他所赠予的那个吻的意义是完全不一样的，这里面包含了太多男女之间波涛暗涌的情愫。这是一个爱慕者的吻，只为等待他谜底揭开的那一瞬间，即使那答案悬疑重重。

果然，在这一吻结束后，他凝视着我，眼里掺杂了太多我在那个年纪还不能理解的东西，紧接着，他的话惊醒了我：你的外祖父经常对我说起过三句话，不可否认，这三句话影响了我的一生。第一，永远不要让别人知道你的想法，尤其是在所有人包括你自己都认为这是个笑话的时候；第二，在这个家族里，每个人都是伪君子。我想说的是，我也是。第三，当你说不时，你要使"不"听上去像"是"一样好听。你明白我想说的是什么了吗？

是的，我明白，也许不明白，或者我并不想去弄明白，再或者我还来不及明白，因为就在这一瞬间电梯门突然在他的身后打开了，然后我的眼角瞥见一个可疑的人影，我惊悚地喊出：不！同一时刻我毅然决然地奔向前用胸口挡住了他。

紧接着，一枚尖锐的子弹在我的胸口开出凄美的血花。在他的惊呼中，我倒在了他的怀中。

所幸，那本应该向他索命的一枪没有要了我的命，却也让他不眠不休地在医院里守护了我三天三夜，即使是在昏昏沉沉中，我也可以感觉到他那复杂而思索的眼神一直在默默地注视着我。他终于明白了吧，这个十八岁的少女，已经无可挽回地爱上了他。

但是他不动声色地避开了这个敏感的话题，在我出院的第二天，他建议我的父母送我去加拿大留学。是的，他对我从没有产生过追求的兴趣。

在坐上飞机离开的那天，我看到了当地的报纸，那个妄图暗杀他却误伤我的杀手被人发现遗尸荒野，已然面目全非。

而在这之后的 8 年内，我们再无交集。

四

在我 26 岁那年，他 53 岁。

在加拿大这个空旷的国度里，我在安大略省这个最冷的城市里度过了漫长的 8 年。在这 8 年里，我近乎自虐地生活着，我禁欲、禁酒、禁肉，远离一切五光十色的生活，只想给自己无从解释的痴情一个严厉的惩罚。因为从我 5 岁那年起，我就开始了这一生最大的赌博——我的注码，是自己的爱情。

我以为我会在这 8 年内将这个男人遗忘，但是没有，我无法挥去他的身影。越是了解，越是迷恋，我爱上了，并且无计可施。

也许我真的应该嫁人了，无论和谁，只要能将这个男人遗忘。

但是这个时候他召唤我回国了，我掩面无语，我遵从老天的安排。但是扑面而来的事实让我惊悸骇然，他和我的父母联手要将我嫁给他的侄子，那个英俊到邪恶的男人。

我听着母亲抱怨着我这些年的音讯全无，眼睛里却只有他的身影。这么多年，他还是那样挺拔伟岸，岁月的流逝非但没让他变老，反倒更增添了他迷人的魅力，他依旧像20年前那样让我着迷和心动。

他长久地注视着我，眼神很复杂：武腾很喜欢你，他从小就很迷恋你。武腾是他的那个侄子，也是他唯一的家族继承人。

我低下头，喃喃地说：我早已忘记他的模样了。

他看着我，眼神依旧很复杂：所以，你可以拒绝这门婚事。

我强颜欢笑，努力地让自己看起来不是那么脆弱：不，我接受。是的，只要能让我留在这个家族里，只要能够让我天天见到他，让我嫁给谁我都不会觉得委屈。

我的父母听到了我的这个决定，欣慰地对视一眼，他们一定会认为我已经找到了自己完美的归宿而感到喜悦。但是为什么，我看不到武锟的脸上有笑容，他的眼神中有着探索与思考的意味，似乎要将我的内心层层分解，从而剖析出我的所思所想。

但是武腾是个武夫，他只会使用蛮力，在我们见面的第二次，他就在宴会厅后的洗手间里强吻我。我愤怒地打了他一记耳光，但这更激发了他的征服感，他狞笑着扯碎了我的裙子。

在我绝望无助的时候，我听到了武锟的声音：抱歉，我能问一下这里发生了什么事吗?

我瘫在地上,知道自己安全了。

武腾有些惊慌,他解释:叔叔,我和她开玩笑呢。

武锟向他投去锐利的一瞥:武腾,别忘记你的身份,要知道,我随时可以改变我的决定。然后他脱下他的衣服披在我的身上,把我抱进他的车里。

坐在他的车上我仍然索索发抖,他一边利落地开车一边看着路况说:我说过,如果你不喜欢,你可以拒绝这门婚事。我抱着肩膀不发一言,似乎仍没有从刚才的惊吓中清醒过来。

他突然喟叹一声:我老了,身边只有武腾这个亲人,他将是我唯一的继承人。我撮合你们俩,也是因为嫁给他你可以过上衣食无忧的生活,让你的父母安享晚年。

我是不是应该感谢他呢?感谢他如此为我的终身幸福着想?我默不作声,一路上我都在为自己的爱情默哀。

但是第二天,武家主动退了这门婚事,武腾搭上了政府吴部长的千金,三个月后两人举办了婚礼。

五

在我 34 岁这年,他 61 岁。

每当看到他,我就会想起马龙·白兰度扮演的教父,他高高在上,不怒自威,一生都在为自己的家族服务。他一向会对自己家族有益的东西争取到底——包括不择手段地去努力,他为这个家族承受了太多的罪孽、是非、阴谋诡计却面无愧色。但是没办法,他别无选择,正如同我无法选择出身

一样。

对待敌人与对手，虽然没有商量的余地，但是他的风度和礼貌会给人以安慰，多少会给人一个接受条件的台阶。对方虽然无奈，但是还可以保持离开时的体面。这是他最吸引我的地方，这说明在他的内心深处，始终都有一块最温润的地方，这是他人生的底线。

所以无论如何，我希望在我 34 岁时能和他相偕终老。

是的，这些年来，我一直不敢向他表白。我唯能等待着他变老的那天，也许只有等他的锐气磨光了，才会接受平凡的我，我才有与他携手的理由。抱歉，你的前半生我未曾参与，后半生我会给予补偿。

我还想给他生个孩子，来延续他的血脉，让我们的暮年不至于那么冷清。

对了，我忘记说了，武腾因为野心太大，妄图暗杀武锟提早继位而被武锟按帮内规法处死。

此刻他正在书房内办公，我端去了一杯咖啡。开门的一瞬间，落日的余晖像雨点一样落下来。他正站在窗边，夕阳的光束把他高大的剪影镶上了一层金边。

我放下咖啡，默默地站在他的身后，这么多年来，我们已经有了心灵相通的默契。他回过头看我，当世上最性感的嘴唇碰上世上最深邃的眼神时，没有什么不可以。

我说：我想给你生个孩子。

他颔首，微笑着说：好的。

这就是我们的一生……

有多少爱不能重来

一

那条狗一直在门外吠个不停，声音呜咽，像是在哭泣。

此刻正值午夜，繁晴一向都有失眠的毛病，她有些毛骨悚然地躺在床上，眼睁睁地瞪视着天花板，不明白在这种高级住宅区里怎么会传出鸡鸣狗吠。在由最初的数羊莫名其妙地变成数狗后，她终于忍无可忍地跳下床，从厨房里拿出一把扳子，怒气冲冲地向外走去。

她将门一把大力地推开，昏暗的灯光下，她看到了一条楚楚可怜的小狗狗，那狗毛色纯白，眼神里似有无尽的凄楚和渴求。于是，她心软了。

她轻言细语，宝贝，你怎么了？饿了？她回身到自己的冰箱里拿出一只足有半斤重的火腿，扔给它，但是它连瞅都不瞅一眼，只是眼神哀怨地冲她一个劲儿地哀鸣。

莫非这狗感情受挫了？繁晴暗自猜测，她将这条血统纯

正的西班牙小狗从额头一直打量到尾巴，也没看出个所以然来。但是在这打量的过程里，她的瞳孔渐渐惊恐地放大，有艳丽的色泽在她的眼里大片大片地折射出来，因为她突然发现这条形迹可疑的狗的足底沾满了鲜红的东西，以她的常识推断，那些绝对是血。

她放眼望去，光滑的地板上拖迤着长长的血痕，在走廊深处一个洞开的门中消失。

繁晴顿时头皮发麻，有一股死亡的气息向她一步步靠近。

那条狗悲哀地看了她几眼，然后撒开四蹄跑到那个门旁，又回头冲她哀鸣，她明白它的意思，它是在向她求援。

繁晴双手哆嗦地推开了那扇虚掩的门，果不其然，一撞入视野的就是大片大片红得让人心惊的鲜血。她的第一反应就是捂住欲呕吐的嘴想以生平最快的速度夺门而逃，但是那狗死死咬住她的裙角不放。紧要关头，这条狗倒比她表现得无畏。

她被那狗一步步地拽到卧室，然后她惊呆了，一个俊美无比的男人面色苍白地躺在床上，他长长的睫毛无力地覆盖在光滑的眼睑上，坚挺的鼻梁连顽石看了都会发出赞叹，而那薄软的唇是在以怎样的性感去诱惑死亡女神的吻啊？

繁晴发誓，她生平看过无数的侦探小说，但从来没看过死得这样绝美，这样让人心动的男子。她心里微微叹息着，憎恨老天的无情。但她还是试着发出了一声致命的尖叫，因为这毕竟是一场令人发指的凶杀案，走走形式也好。

小姐，以后请核实好情况后再来报案，我们不是幼儿园的保姆，没时间陪你玩这种无聊的游戏。那个矮胖子警察斜睨着繁晴，非常不客气地说了这样一番话后，开着警车绝尘而去，留下繁晴一个人像泥胎一样地直发呆。

身后传来一声戏谑的轻笑，小姐，我的样子真的很像被人砍了十八刀的死尸吗？

繁晴回过头，似乎仍没从这意外中清醒，她茫然地盯着那个男人，继续发呆。

冯凯文那只受伤的脚被医生裹成一只粽子，高高地吊在床架上。他一边大口大口地吃着一只硕大无比的苹果，一边向她投来似笑非笑的眼神，有两个小小的酒窝在他的唇边若隐若现，果真是个美男子。

经过冯凯文详细的解释，繁晴这才明白了事情发生的具体经过：

昨晚，冯凯文与同事狂欢至凌晨，回到家后，喝得酩酊大醉的他脱下鞋子，一路摇摇晃晃地穿过客厅，不小心被一破碎的酒瓶割破了脚踝，流血不止。而他因为意识不够清醒，不管不顾地爬上床，一觉睡到自然醒。结果让一人一狗引发如此的恐慌。

冯凯文说完就笑得前仰后合，那副幸灾乐祸的表情让人看了之后就会有种想扁他的冲动。

繁晴将双拳在暗中攥紧，她发誓，如果他再笑下去，她就让他变成一具真正的死尸。那条叫"春天"的狗也向他的主人投以不满的目光，然后略带愧意地向她看过来，替它的主人向她表示歉意。

但那个愚蠢的男人似乎还没意识到眼前的危险，仍不知死活地兀自笑个不停。

繁晴走至他的面前，礼貌地问：很好笑吗？

他眨眨像婴儿一样纯真的眼，以一副清白无辜的神情反问：难道不好笑吗？继而又爆发出一阵更为惊天的哄笑。

繁晴也跟他一道笑，甚至比他笑得更大声。

但很快，冯凯文爆笑的脸变得无比的恐怖，因为他眼睁睁地看到繁晴在狞笑着解他吊在床架上的石膏腿。他大惊失色：不要！但晚了，下一秒钟，一声凄厉无比的惨叫穿透了云层，直抵九霄云外。

二

冯凯文是个 IT 精英，有着体面的工作和不菲的收入，但据繁晴观察，他同时也过着这世上最没有规律、最杂乱无章的生活。他像一只昼伏夜出的土狗，行踪诡异不定。繁晴白天出门去医院上班时，常常会看到他的房门紧闭，冷冰冰的，不沾染丝毫的人间烟火气。

而晚上累得半死的她一旦回来，又会看到他穿一身笔挺的西装，头发上打着亮晶晶的摩斯，拿着手机在走廊里不停地打电话，一副公事繁忙的样子。

这时，他看见她，会眼睛一亮，然后借故打招呼，美女，你好。

但往往这时，繁晴会当机立断地下巴朝天，连睬都不睬他一眼，就如入无人之境地与他擦肩而过，那震耳欲聋的关门声宣布了他俩之间不可逾越的界限。

冯凯文好像还没有女朋友，这是繁晴最新的观察结果，听清，是观察，绝不是偷窥。虽然她每天下班后都在门后放一张舒适的躺椅，一旦对门有什么风吹草动，她就会像只兔子一样跳起来趴在门镜后兴奋地朝外张望。

说句心里话，繁晴毕竟是俗世女子，对帅哥偏爱些也是在所难免，更何况那家伙并不是很讨人嫌。

但是有一天，繁晴在电梯里看了一个陌生的女人，一看到她，繁晴便惊为天人。她想，如果她是一个星探，一手挖掘了这样一个美人，一定会像当年挖掘林青霞一样震惊海内外。她敢向上帝保证，那女子绝对是一天赐尤物，浑身上下每一寸肌肤都浸透着浓浓的女人味。尤其那袭纯白色的皮草披肩，使其更添高贵神秘。

但她自始至终都神色清淡，用手抚弄着耳垂，姿势不无风情。

她和繁晴在同一楼层停下，当俩人一前一后地走出电梯后，繁晴突然有一种极其不祥的预感，因为她眼睁睁地看到那个绝色美女径自向冯凯文的房间飘去。

繁晴用钥匙去开门，虽然是背对着那个美女，但她将身上所有的感知细胞都集中在后背上了。果然，那美女敲响了冯凯文的门，繁晴条件反射地回了一下头，看到了如下一幅凄美的场景：

冯凯文开门，眼神沉默而执着地望着眼前的女人，少了太多太多平日里吊儿郎当的嬉笑怒骂，那是一个男人受伤的眼神，那样的眼神让繁晴有些心疼。

但是下一秒钟，两个人无声地抱在了一起，在隐隐的夜色中显得毅然决然又义无反顾，就像言情片里爱得死去活来又不得不天各一方的痴男怨女。

有多少爱不能重来　　213

繁晴在心里浅笑了一下，随手推开了门。但是将门关合后，她脸上的伪装迅速地剥落，她觉得，在她的心里，有一根什么样的弦，轻轻地，轻轻地，崩断了。

午夜时分，门外又一次传来狗的低鸣声，只不过这一次的声音相对上次来讲要显得焦灼与不安。躺在床上辗转反侧的繁晴动作利落地跳下，连鞋也没穿，就去给它开门，在这段时间内，她和这个极具灵性的小家伙已建立起非常深厚的情谊。

她打开门，"春天"只飞快地看了她一眼，就扭头向自家的门跑去。繁晴明白，这是让她跟过去的信号，她稍稍迟疑了下，跑了过去。

门虚掩着，在洞开的门缝里，她看到了那个极其醒目的身影正在以无限哀求的姿态说着什么，而那个被哀求的女人满脸是泪，她不停地摇头，一脸的伤心欲绝。

好像在演八点半连续剧，繁晴在心里嘟囔一声，眼睛却始终围绕着那个心碎的男子，他脸上的绝望与痛苦足够让她在今后无数个夜里无法成眠。

最后，冯凯文颓唐地坐在沙发上，那女人在他的额上留下深深一吻，在他的沉默中起身离去。

一切结束了，关于男人与女人的故事。很老套，一对青梅竹马的爱侣，女孩因为贪慕虚荣，或者说想谋求更大的发展，另投富商的怀抱。

请告诉我，是谁发出了一声幽幽的叹息？

那一晚，冯凯文一整夜都坐在楼下的长椅上，春天的梨花落满了他的肩头。繁晴站在楼上的窗边远远地凝望着他，娇羞女孩，莽撞少年，或许也曾在这样的月光里，这样的树影下，互赠初初一吻，全然不知花瓣落了满肩。

第二天早晨，正在厨房里煎荷包蛋的繁晴被一阵急促的敲门声所惊扰，抽油烟机坏了，满室都是呛人的油烟味。她咳着，大声地问，谁？没人回答，但敲门声仍在继续。

她关小了火，也顾不上一脸的烟熏火燎，一路小跑地去开了门。

打开门，她愣了一小下。门外，一人一狗正摆着一副乞求的架势可怜至极地望着她，人是冯凯文，狗是春天。而且人的手里拿着一个超级面霸的碗，狗的脚边放着一只大得可媲美八月十五那轮满月的盆。

你们这是？繁晴很是纳闷。

饿……人的口里吐出这样一个虚弱无力的音阶，狗也紧随其后地点头，表情沉重。

繁晴叹了一口气，将一人一狗让进屋，随后走进厨房，她感觉自己的心里有一股快乐在像春天的柳梢一样抽枝发芽，蓬勃地疯长着，欢天喜地，无尽无休。她恨自己，这快乐简直来得莫名其妙。

一大早上的，繁晴穷尽她超大容量冰箱里的所有食物内存与自身二十几年的全部厨艺所学，当她将色香味俱全的美味佳肴摆上桌子时，一人一狗的眼睛顿时瞪得像铜铃一样大，口水流得像马达加斯加的瀑布。

吃的过程就不说了，太丢人。临走时，冯凯文还偷偷打包带走了两塑料袋鱼肉丸子汤。

自从那时起，人和狗就有堂而皇之登堂入室的理由了，说句真心话，她内心是欢喜的。

即使他已另有所爱，他也像一面湖水，让她心甘情愿地沉沦下去。

冯凯文已经开始和她约会了，吃饭，看电影，和她带着春天在楼下的草坪里一起遛弯，在外人的眼里很像一对热恋中的忘情爱侣。

但是，繁晴明白，这不过是他想忘记另一个人的过程，他的心始终飘浮在遥远的天边，眼前的一切对她而言不过是一场春梦，梦醒后很快就会了无痕迹。

三

那张报纸是她在公交车上看到的，即使公交车上的人多得像海潮一样随车身浮涌，即使那张报纸只不过是在另一个乘客的手里随意翻动，可她还是越过那人的肩头一眼捕捉到了报纸的头条，谁让那些黑体字那么醒目，那么直刺人心的最深处的？

当红名模遇人不淑，三月闪电恋情，遭富商男友绝情抛弃。旁边陈列一张玉照，赫然是那个美得惊人的女子。

繁晴突然意识到，她那还未曾开始就已预料到结局的新恋情也许马上就要夭折了。

回到家，才发现，隔壁已人去楼空，包括那条聪明可爱的狗狗——春天。

繁晴淡淡笑了一下，真真不过就是一场梦，连让她回味的空间都是如此短暂。

她知道，冯凯文是真心爱那个女子的，正如她与他见面的第一次，他说他是不慎将脚动脉割坏的，而专业护士出身的她又怎么会不明白，那伤口上有明显人为划伤的痕迹，若不是爱得深，他如何会在她移情别恋的时候想到以割脉自杀来了断自己？只不过是由手换成脚而已，只要下手狠，一样可以致命。

而现如今，他的爱人遭受了前所未有的打击，以他对她坚固的爱，他定会义无反顾地回到她身边。

门下有一封信，只有短短的三个字：对不起。

他是个聪明人，知道说多了对她来说反倒是一种伤害，有些事不如就当它从来未曾发生过。

她又淡淡地笑了一下：不过是萍水相逢，何来道歉之说？

惊鸿一瞥，她看到了他遗落在房里的一盒烟，梅花牌的，那上面有一行小字：日暮酒醒人已远，满天风雨下西楼。她轻轻念出，然后泪花落下。

有多少爱不能重来

我怕忘了你后
会过不好这一生

我觉得自己是一个特别恋旧的人，和我一起玩的朋友也时常这么开导我：阿识学长，你就不能往前看，把那些陈年往事抛到脑后吗？

阿识学长，你动不动就讲你小时候的人和事，难道就不累吗？

阿识学长，活该你深陷求而不得的囹圄！

……

面对这些质问，我也无力辩解。因为我明白，有些事、有些人就如同人的性格，你很难改变它。反而很多时候，你越用力，它们越像树根一样扎得深沉。每到某个时分，你路过某个巷口，或是听到某首曲子，你就会动情起来，甚至会潜然泪下。

本来这世上有很多东西是可以轻易被遗忘的，但偏偏这些东西在你想忘记之前就已经找到了载体。比如，你曾经和某个人谈过一场轰轰烈烈的恋爱,她长得出奇的漂亮——纯,爱笑,瓜子脸,白皙干净,身材很火辣。可有一天你们因为一些小事而谁也不肯原谅谁,最后闹到分手的下场。

你以为自己不再喜欢她了。删除有关她的所有文字,把她拉入黑名单,扔掉她送的礼物……你把和她有关的东西都处理后,再喊上几个哥们跑到路边摊撸串酗酒。可你怎么也不会想到那个酩酊大醉的夜晚,哥们都骂你不知好歹,为你感到可惜。你铆劲摇着头说,不,不是,不是这样的……喊着喊着又突然跪在了地上,你想求她原谅自己,可你并没有再进一步。

只是后来有很多时候,你再遇到熟悉的场景,在电视剧里也好,朋友圈也罢,你都会想起这么一个人、那样一些事。

她长得可漂亮啦——纯,爱笑,瓜子脸,白皙干净,身材很火辣。

你俩在一起时会像其他情侣一样紧紧地拉着彼此的手,拥抱,接吻,躺在青青的草地上盼月亮、数星星。

但这么一个人、那样一些事都已经不再属于你了。你只能凭着想象穿越万水千山找回自己,找到这么一个人、那么一些事。所以,在今后的日子里,你会感到更加难忘,更加孤独,更加悲伤。

我也终于明白,有些人的酒量之所以会越练越好,那是因为伤害越来越深,载体越来越多。

我记得小时候从乡下去县城,需要搭乘渡船,跨过一条很宽的河。我们得买船票,小孩子五毛钱一位,大人一块一位,如果有自行车,还得额外收取几毛钱费用。

　　那时候，我家里生活条件不太好，大概每个月我能攒到五块钱零花钱，但我不像其他小孩子一样喜欢买零食，我唯一喜欢做的事，便是和邻家女孩一起跑到渡口搭船去河那边，每个月大概五次。

　　因而，我们收集到很多船票，有印着琉璃草的、麻秆花的、天竺葵的、白掌的，艄公说这些东西都寓意着平安和健康，我们深信不疑，也时常感到特别舒心、快乐，这感觉就好像在傍晚时分搭乘渡船看这条河在群山间盘绕纠曲，河边的石崖与河面交汇处倒映出一圈圈光亮的波纹，整个水面宛若一面明亮的大镜子，可以在里头看到自己的面容。

　　那时候，邻家女孩总嘲笑我说"鸡架子，你长得真难看！"

　　"鸡架子，你笑起来就像个小傻瓜耶！"我置之不理，装作很生气的样子。

　　"但不过，我就喜欢跟你这个傻头傻脑玩！"说完，她就扮鬼脸逗我开心。

　　我们都会笑，大笑时总盯着镜子里的自己看很长时间。然后，邻家女孩就指着河里的那面镜子问我："鸡架子，你说它有一天会碎吗？"

　　我摇摇头。

　　"那它会被别人拿走吗？"

　　我摇摇头。

　　"我相信它永远都在！"

我怕忘了你后会过不好这一生　　**209**

我点点头。

最后，我俩又对着镜子笑，很久，很久。

十五年后，河面上架起了一座桥，开渡船的老爷爷离开了那条河，邻家女孩嫁到了河那边，我去了远方。

有很多时候，我会突然想到这些东西，当我打开抽屉看到那些船票，有印着琉璃草的、麻秆花的、天竺葵的、白掌的。邻家女孩说，北宋李之仪的《卜算子》写得真好，我转过身看着她，她开始背诵起来：我住长江头，君住长江尾。日日思君不见君，共饮长江水。此水几时休，此恨何时已。只愿君心似我心，定不负相思意。

我的眼泪打湿了那本宋词，她开始沉默，又仿佛在渐行渐远，快要消失。

后来，我大概领会了一点生命的含义，觉得它是由载体组成的，在被千万个载体主宰着，而那些在成长中被隐藏的

人和事啊，其实都可以从载体里找到原形。它有时薄如轻羽，低入尘埃，也有时力大无穷，奔涌而出。那载体到底是些什么东西呢？

你可以说是老照片、红领巾、粮油票……也可以说是石头、沙子、大雁……

往灵魂深处说，载体是一条长长的河，我们从河的两头出发，在相遇的那一刻，会产生友情、爱情还有亲情。

载体也是一种精神浪漫——寄出的情书，盛开的玫瑰，烤制的面包，调好的咖啡……

载体更像千千万万个如我这般的旧人，在自己的故事里出不来，在别人的现实里进不去。就好像《围城》里写得这样：人生的刺就在这里，留恋着不肯快走的，偏是你所不留恋的东西。

所以啊，我怕忘了你后会过不好这一生。

愿得一人心，白首不相离

一

前几天，有个女读者在我的公众号里留言说，她曾经好爱好爱一个男生，虽然他很穷，读书靠助学贷款和勤工俭学，舍不得买新衣服，不敢在食堂吃稍微贵一点的饭菜，但姑娘一点也不嫌弃他，会陪他一起发传单，做家教，在食堂吃普通的饭菜，自己偶尔买了点水果、零食，还会分一半给那个男生吃。

节假日时，别的情侣都是一起出去游山玩水，开房纵欲，他们要么一起泡图书馆，要么出去赚外快。当然，他们偶尔会手拉着手在学校里散步。

曾经有好几次，室友们都骂姑娘爱那个男生太辛苦了，不值得，就好像低入尘埃一般，姑娘可以为了那个男生做以前不会做的事，学做饭、学跳舞、学教书、不再睡懒觉、不再美白化妆、不再发大小姐脾气，变成他喜欢的样子。

但姑娘说她愿意为了他改变，去那么做，因为在姑娘看来，虽然自己的男朋友长得不帅，还没有多少钱财，可他对她比对任何人包括他自己都好。

二

姑娘的胃不是很好，天冷时，男生会把舍不得吃的水果放在胸前焐热了再给姑娘吃。

如果他们下课放学后赶上大雨，男生会义无反顾地脱掉自己的外套给姑娘披上，然后一把背起姑娘在大风大雨里奔跑。

男生拿各种奖学金了，他会把这些钱交给姑娘保管，他说自己不会理财。

妈妈在离世前给男生织的毛衣、拖鞋、手套，男生都舍不得穿，他说这些东西应该留给兰兰，兰兰怕冷，从小就没有妈妈，她应该比我更喜欢、更需要。

姑娘叫白玉兰，男生的名字里也有一个"兰"字。

小时候，男生的妈妈总指着院子里的一盆白玉兰对男生说，陈兰伟，那株花叫白玉兰，你可以叫她兰兰，她代表纯洁的爱、真挚的情。

所以，后来男生习惯把白玉兰喊作兰兰。这是陈兰伟爱一个人时可以给得出的最好的待遇。

兰兰姑娘说，在别人眼里陈兰伟好像就是一个不会谈恋爱，一点也不懂浪漫的男生，但在她心里，陈兰伟是一个谁也比不过的真正男子汉。所以，不管走多长的路，吃多少的苦，只要他不抛弃自己，愿意让她留在他身边，她也就今生只爱陈兰伟一个人，非他不嫁。

看到这句话后，我突然觉得好心酸。

三

因为曾经也有那么一位姑娘，她爱我就好像春天眷恋花开，夏天等待甘霖，秋天送别候鸟，冬天遇见白雪。

我生病时，她会打无数个电话问我身体好些了没。

　　我上大学没钱吃饭时，她会把自己积攒下来的零用钱寄给我。

　　我在外地实习不方便回学校填各种档案材料打电话让她帮忙时，她不但不会埋怨，还会俏皮地说，放心啦，交给我绝对没问题的。

　　她去外面玩完回来，总会带给我一些精美的礼物、好吃的东西。

　　听说我的直板手机因为写文章而变得面目全非，不太好用，她竟然会把她哥哥的手机骗来送给我……

　　那时候，我觉得每一句话都能直捣心窝，感人肺腑的表白里都可以没有我喜欢你或是我爱你这几个字，倒是越发觉得像多喝热水、早点休息、别那么拼命、会好起来的、一起吃饭、我养你啊等朴实的词汇，更加让人想大醉或是大哭一场。

　　但多少年后的今天，我突然失去了那么一个人，那么一些现在每每想起都能让我感到温暖如春或是泪流满面的东西。

　　那时候，我明明害怕有一天会失去她，想过她离开以后，我一定会捶胸顿足，懊悔不已，但我又忍不住把自己摆得很低，装作狼狈不堪或是凶神恶煞的样子把她从自己的世界驱赶出去。

　　我怕她跟我在一起以后会失去自由，淡去光芒，丢了最好的自己。

　　我也不愿意去相信她会陪我吃苦，即使有很多时候她说得斩钉截铁，我也不忍心看她披头散发地跟我一起劳碌奔波。

四

曾经的我一直认为爱一个人最好的方式就是不应该让她在最美好的年华陪自己劳心费力，如果哪一天她有更好的人选或是可以过得更好，就应该放手成全她。

就像故事里的陈兰伟在大学毕业那年放弃了兰兰姑娘。

陈兰伟说，兰兰姑娘应该找一个比他更好，更值得她去爱的男生，那样一个人一定可以让她过上更好的生活。

虽然，兰兰姑娘反反复复强调自己愿意陪陈兰伟吃一辈子的苦，但陈兰伟在最后还是失去了这么一位也许再也不会遇见的像她那么好的姑娘。

那时候，陈兰伟的心里一直摆着这么一个事实，兰兰姑娘的父亲是死活也不会同意把女儿嫁给他的。

兰兰姑娘的父亲只有她这么一位宝贝女儿，他舍不得看兰兰姑娘和他这么一个穷小子吃苦受累，忍受委屈。

即使兰兰姑娘愿意，陈兰伟也不愿意了。

爱一个人本来就应该让她获得更好的自由，而不是陪自己一起吃尽苦头。这是陈兰伟在离开兰兰姑娘时留下的一句话。

后来，兰兰姑娘把它给了我看。她问我陈兰伟那么做值不值得？

我不敢回答她，只会很痛心。

如果我没有和陈兰伟类似的经历，我一定会告诉兰兰姑娘，陈兰伟这么做，他肯定值得。因为放弃一个很爱很爱却又不愿意让她陪自己吃苦的人，也是一种爱，只是这种爱比较自私，爱得别无选择而已。

但越长大，尤其是曾经也被某个人深深地爱过以后，我越发明白，其实，和一个自己真真正正喜欢的人一起快乐，一起悲伤，一起堕落一回，一起积极努力，一起同甘共苦，一起白头到老是一件多么幸福又特别有意义的事啊。至少做这么一件事，是发自内心的，是刻入骨髓的，是任何东西都无法比拟的，它一定比别人触手可得的阳光或是爱情要感人肺腑、催人上进的多。

五

前几天，政治老师也问了班上的男同学这样一个问题。

她说，如果你在读研时爱上一个人，但又暂时给不了你想给她的物质生活，你会让她一直陪在你身边吗？

有很多男同学摇摇头说，不愿意。

政治老师站在讲台上笑了，笑得有些痛苦，有些悲伤，就好像她曾经也遇到那么一个很爱的男生，但因为那样一个人在那时候还不够勇敢、不够自信，还不够理解爱情的意义，所以便错过了那样一个可以足够对他好一辈子的，最纯真也最善良的姑娘。

银临在《牵丝戏》里说，风雪依稀秋白发尾，灯火葳蕤，揉皱你眼眉，假如你舍一滴泪，假如老去我能陪，烟波里成灰，也去得完美。

所以啊，如果有一天你真的遇到了那么一个能和你共沐风雨，同舟共济，同心同德的姑娘，你就尽管放心娶了她吧，她真的真的愿意嫁给你。

不怕输给年纪，只想感动自己

很多年前，我觉得自己是个读书人挺骄傲的，因为我总觉得知识分子在谈恋爱这方面肯定特别自信、勇敢，也一定很成功。

可多少年以后，谁也不曾想到，像我这类的既混不成什么样子的，又不肯低下姿态的男生，对，还是一个没有爸妈可啃，又长得很一般的男生会在今天被残酷的现实社会打磨成一位眼高手低的、满腹牢骚的屌丝。

我们这样一群屌丝虽然上了所谓的大学，有过信仰，也曾执着地为梦想奔跑过，但始终还是很难找到比较满意的工作、心仪的姑娘。就算是后来我们拼尽全力了，顺利地进入某种圈子、某个阶层，成了研究生、博士生，或是公职人员也罢，我们也很难找到满意的答案，得到内心向往已久的爱情。

因为生活在这个世上的人都在努力，甚至那些出身优越的人比我们还要专注认真地做好某些事，深爱某个人，而那些曾和我们有着相同文化背景的长得楚楚动人的被我们一直暗暗喜欢的姑娘，自然而然会选择比自己更好的一类男生作为人生伴侣。

我们终将还是那个阶层的屌丝，只不过有时候多去了一座城市，换了一份工作，多了一些感慨而已。

这世上有很多东西是与生俱来的，我们改变不了它，即使玩命地努力，我们也很难改变它，反而会变得越来越将就。

我们曾那么努力，那么执着，只不过是在对自己负责，因为我们得生存下来，否则将会被这个时代淘汰、湮没。

我有很多朋友，他们都念过大学，有思想，有温度，也很上进，但他们都和我一样，出身卑微，长相一般，才能有限。

他们都曾以为自己大学毕业了可以干出一番轰轰烈烈的事业，拥抱那位在大学时一直喜欢的姑娘，他们都以为自己能够一夜暴富、金榜题名、爱情美满。但时至今日，那个曾认为自己可以考上研究生的黄猫去了东莞，他在贩卖黄色影碟，隔三岔五被行政拘留；那个曾至死不渝，特别相信爱情的土鳖，却在今年和某位只有初中文凭的长得超级寒碜的姑娘领了结婚证，爸妈还为讨到这么一个媳妇花了 25 万元礼金，这些钱都是他爸妈平日里省吃俭用，留着养老看病的钱，他爸妈还曾高傲地对隔壁老胡说："瞧我那儿子，刚从大学毕业就给我老两口买了二锅头和新衣服。"

当然，没有哪个老汉能认得出那些都是地摊货、伪劣产品。隔壁老胡每每去土鳖家串门时就会对土鳖赞不绝口，他真想养这么一个能有土鳖万分之一孝顺、懂事、善良、成功的儿子。

那个曾认为自己可以当上 W 市领导的黑狗，每天都坐在办公室里反复地看黄猫送的影碟，他读大学时交的女朋友跟别人去了斯里兰卡，他现在只是某镇政府的小科员，每天过着朝九晚五、平庸懒散的生活。

他说，他不想再这么苦逼地干坐着，他要去做年少时喜欢的事，但他最后还是没有勇气向 boss 递交辞职申请书。

因为现在的他已经丢失了年少时的天赋异禀，他每天都要抽十几根香烟，醉很多场次的酒，他的喉咙会隔三岔五发炎，他的声音变得嘶哑浑浊，再也唱不出一首完整动听的歌。

我骂他："你就活该成不了摇滚歌手！"

他接过话，说："呸！老子是吃皇粮的，才不稀罕和你们这群屌丝耍什么流氓艺术！"说完，便扬长而去。但大概五天后，我看到他在朋友圈发布了一个短视频。

他站在村口的老樟树下，系着红领巾，弹着吉他，还时不时地摇晃脑袋，扭动屁股。那首歌听起来好像是李克勤的《红日》，但黑狗唱的不是粤语，是家乡话。

当然，我最后还是被他感动得热泪盈眶。

因为这首歌，我像是回到了 2008 年。

我们生活在那样一个既年轻又执拗的年纪，为了在学校的高中毕业晚会上把《红日》这首歌表演好，不顾父母的反对，曾通宵达旦。

那时候，黑狗暗恋一个比他高 5cm 的 Z 姑娘。他听说 Z 姑娘喜欢李克勤，竟在很多个早晨偷了老爹的零用钱，用它们买了数张印着李克勤头像的明信片和两张音乐专辑。

黑狗斩钉截铁地对我们哥几个说："Z 姑娘一定会喜欢这些东西。"

"Z姑娘一定会喜欢上我！"

……

只可惜那个晚上，黑狗在台上担任《红日》这首歌的主唱时，Z姑娘自始至终都没有到场。

礼堂的VIP区有两个座位是空荡荡的。一个写着Z姑娘的名字，一个印有黑狗的名字。

爱情不像安排两张座位一样那么简单。黑狗是花了很多时间和精力去抢那两张座位，去喜欢李克勤，去苦练《红日》这首歌，但他并不能强行把Z姑娘拽到自己的身边。

Z姑娘就像那轮红日，她高高地悬挂在空中，绽放着光芒，黑狗只能仰望着她，踮起脚尖想靠近她一点点，再多一点点，但不能靠得太近，否则会灼伤自己，泪流满面。

Z姑娘不属于黑狗，她属于另一个世界。

从前别人都觉得我们是潜力股，有时候连自己也会活得傲娇，把目标定得很高，把世界看得太小。

可多少年以后，我们天各一方，却变成人模狗样。我不再是那个拥有雄心壮志的少年，开始努力挣扎，不要输给年纪，只想拼尽全力地感动自己。

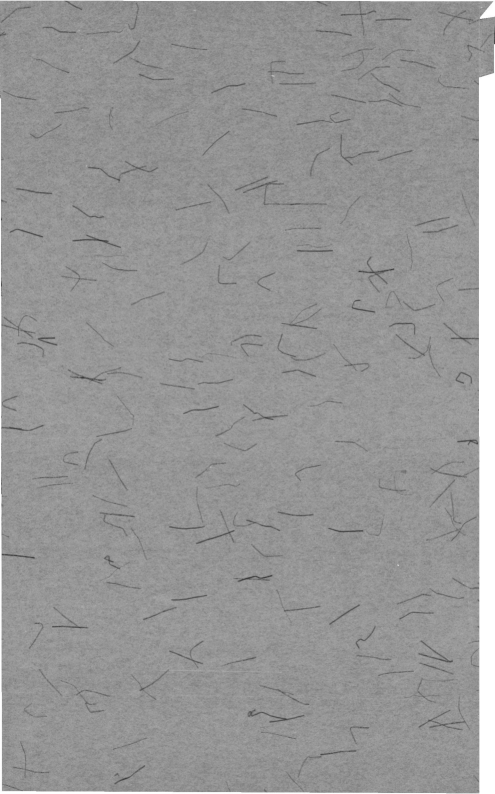